ちくま新書

駒形丸事件

――インド太平洋世界とイギリス帝国

秋田 茂
Akita Shigeru
細川道久
Hosokawa Michihisa

JN038847

1543

駒形丸事件——インド太平洋世界とイギリス帝国【目次】

駒形丸がたどったルート

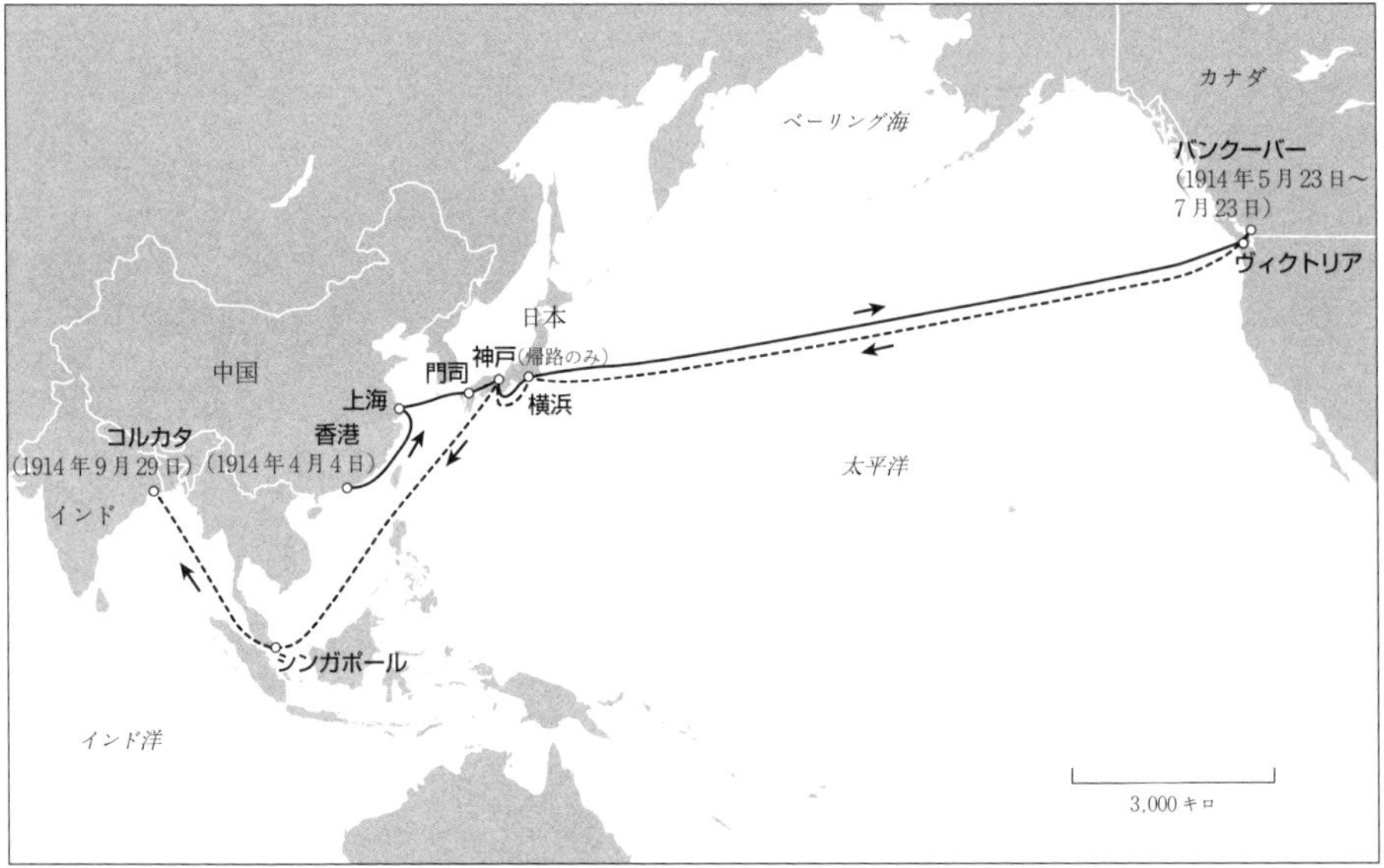

R. K. Dhamoon et. al. (eds.), *Unmooring the Komagata Maru*, University of British Columbia Press, Vancouver, 2019, p.xx. に基づき作成（一部修正した）。

はじめに

カナダ太平洋岸に位置するバンクーバー。「世界で最も住みやすい都市」として、つねに上位にランクされてきた港湾都市である。中心部のダウンタウンからスタンレー公園へと向かうハーバー・フロントの遊歩道は、市民の憩いの場である。観光の定番コースでもあり、特に夏場は、早朝から日没まで、散策、ジョギング、サイクリングをする老若男女でにぎわう。新型コロナウイルスが世界的に猛威をふるう以前には、日本からも大勢の観光客や留学生がバンクーバーを訪れていたので、ご記憶の方もおられるだろう。

その遊歩道の脇に、鉄板とアクリル製板の記念碑が建っている。「駒形丸事件」を追悼する「駒形丸メモリアル」である。コール・ハーバーと呼ばれるこの一帯には、ヨット、クルーザー、水上飛行機が数多く停泊しているため、陸側にある「駒形丸メモリアル」に目をとめる人はそう多くない。錆び色に塗られた鉄板には所々に小さな穴が開いている。

朽ちた駒形丸をイメージしており、そこにはインド人乗客の名前が刻まれている。アクリル製板には、甲板上で撮られたと思われる彼らの写真がはめこまれているが、その表情はどこか寒々としている。

今からおよそ百年前の一九一四年、駒形丸に乗ってバンクーバーにやってきたインド人の大半（三七六人のうち、再上陸を認められた二〇人などを除く三五二人）がカナダ政府によって上陸を拒否される事件が起こった。これが本書で扱う「駒形丸事件」である。

駒形丸とは、日本、正確には日本帝国の関東州・大連市に本拠を置いていた神栄汽船合資会社所有の三〇八五トンの貨客船である。一八九〇年にイギリス（スコットランド）はグラスゴーで建造され、ドイツの船会社が購入しシュトゥッベンフークと命名され、一八九四年には、同じくドイツの船会社に売却されシチリアと改名された。ヨーロッパ各地から移民をモントリオールやニューヨークに運んでいたシチリアは、一九一三年、神栄汽船合資会社に売却され、駒形丸と改められ、日本（門司）・香港間の石炭輸送に用いられるようになった。翌年、同社は、インド人商人グルディット・シン[1]（一八六〇―一九五四）と駒形丸の貸船契約を結んだ。四月、駒形丸は、シンが募ったカナダへの移民を希望するインド人を乗せ、香港を出航し、日本経由でバンクーバーに向かった。五月にバンクーバーに到着したものの、二カ月間、接岸を許されなかった。結局、乗客のほとんどはカナダ上陸を認められず、駒形丸は再び太平洋を戻らざるをえなかった。

「駒形丸事件」は、ここで終わらなかった。バンクーバーを後にした駒形丸は、日本とシンガポールを経由した後、九月末にコルカタ（旧カルカッタ）近くに到着したが、約二〇キロ離れたバッジ・バッジに移動させられた。そして、そこで乗客の多数が、現地インド政庁の警察と軍によって逮捕・監禁・殺害された。これは、「コルカタの悲劇（虐殺）」と呼ばれている。バッジ・バッジには、インド独立後の一九五二年に首相ジャワハルラール・ネルーが除幕した追悼記念碑が建てられている。

彼らインド人は、なぜカナダに上陸できなかったのだろうか。そもそも、なぜ彼らは太平洋を渡ってカナダまでやってきたのだろうか。また、彼らは、祖国インドに戻ってきたのに、どうして苛酷な扱いを受けたのだろうか。

これらの問いに答えるには、「駒形丸事件」を多角的にとらえる必要がある。カナダによるインド人乗客に対する上陸拒否は、カナダ政府とインド人移民の対立という単純な図式でとらえきれるものではない。イギリス帝国の自治領であるカナダが、カナダ人と同じイギリス帝国の臣民であるインド人を公然と排斥することはできなかった。しかも、すでに南アフリカでマハートマ・ガンディーが排斥に抗議していたように、インド人の処遇問題は、イギリス帝国全体に影響を及ぼしかねなかった。その一方で、イギリス帝国に限らず、欧米世界には、インド人を含むアジア移民を蔑視する考えが根強く、カナダがインド人移民の入国を制限することは当然視されていた。また、インド人移民の多くが、生活の糧を求めるためにカナダにやってきたが、宗主国イギリスのインド統治に対する抵抗運動と関わっているのではないかと疑いをもたれていた。当時、北米、ヨーロッパ、そして日本などにも、こうした抵抗運動の活動家やそれに共鳴する知識人がおり、同胞のインド人の移民を支援していた。抵抗運動の主力は、パンジャーブ地方の「尚武《しょうぶ》の民」であるシク教徒であった。

このような状況下で、イギリス政府も、インド政庁も、インド人移民の動静に眼を光らせていたが、駒形丸の乗客も例外ではなかった。乗客三七六人の内訳は、シク教徒三四〇名、ヒンドゥー教徒一二名、ムスリム二四名であり、圧倒的多数がシク教徒であったのである。しかも、駒形丸がバンクーバーを退去し、再び太平洋を横断している最中に、第一次世界大戦が勃発しており、グルディット・シンや乗客、彼らに関与するインド人たちへの監視が強まった。「駒形丸事件」は「コルカタの悲劇」で幕を閉じるが、この悲劇は、その後シンガポール（海峡植民地）で起きたインド軍歩兵部隊の反乱や、パンジャーブ州アムリトサルでの虐殺事件などとともに、戦後のインド・ナショナリズムを高揚させるきっかけとなった。インドはイギリス帝国を経済・軍事面で支えてきた重要拠点であったため、インド・ナショナリズムの台頭に対してイギリスは、同盟関係（日英同盟）にあった日本の協力を得ることで、「インド太平洋世界」を安定させ、帝国支配の維持を図ろうとした。

このように、「駒形丸事件」は、インド・カナダ・イギリスの直接的な当事者だけでなく、「インド太平洋世界」やイギリス帝国、あるいは、日本やアメリカ合衆国など、広域の世界の歴史的動態と結びつけてとらえる必要があるのである。

ところで、「インド太平洋世界」という表現は、「アジア太平洋世界」とくらべて、なじみが薄いかもしれない。もっとも今日では、二一世紀における日本外交の基本戦略として「インド太平洋世界」構想が模索されている。アジア世界とアメリカ大陸からなる「アジア太平洋世界」に、南アジアや南アフリカなどを含めた「環インド洋世界」を加えたのが、「インド太平洋世界」である。こちらの方が、歴史的実態に即しており、地域的つながりを理解するのに有効な枠組みである。

ここで、駒形丸のたどった航路に注目してみよう。イギリス帝国の直轄植民地で自由貿易港であった香港でチャーターされた駒形丸は、上海、門司、横浜を経由して、バンクーバーに向かい、帰りは、横浜、神戸、シンガポール経由で、インドのバッジ・バッジに到着した。この航路は、一九世紀中葉の交通革命によって汽船が登場して以降、海底電信ケーブルなど、さまざまな技術革新によって結ばれたルートである。大西洋横断航路でヨーロッパ各地から南北アメリカに、喜望峰やスエズ運河を経由してオーストラレーシア（オーストラリア、ニュージーランド）に大量の移民が運ばれたように、インドや中国から多くの移民がインド洋や太平洋を渡っており、先の航路は、彼らが通ったルートの一部であった。それはまた、モノ・カネ・情報を運ぶルートでもあった。インド・東南アジア・中国・日本を結ぶ貿易は、香港とシンガポールを経由して、世界経済とつながっていたし、このルートを通して、人々は各地のさまざまな情報を共有していたのである。「インド太平洋世界」は、歴史的な実態をともなう「広域の地域」なのである。

本書では、ローカル〈地方〉・ナショナル〈国家〉・リージョナル〈広域の地域〉・グローバル〈地球世界〉の四つの層での相互の結びつきを重視するグローバルヒストリーの手法を使って、「駒形丸事件」を描き出す。そして、「駒形丸事件」が、インド・ナショナリズムの勃興だけでなく、イギリス帝国体制を変容させるとともに、日本を含めた「インド太平洋世界」の台頭を促す契機にもなったことを示したい。ローカルとは、バンクーバー、香港、神戸、コルカタといった港湾都市である。ナショナルとは、完全な国家ではないものも含まれるが、カナダ、インド、イギリス、アメリカ合衆国、日本などである。そして、リージョナルとは「インド太平洋世界」であり、グローバルとは、イギリス帝国が世界に張りめぐらした種々のネットワーク、インド人移民の海外ネットワーク、人種意識のような思想的なネットワークなどである。

「駒形丸事件」はわが国ではほとんど知られていない。というのも、従来の研究では、カナダ史、インド史、日本外交史というように、国ごとのバラバラの文脈（一国史）で語られており、相互のつながりや関係は無視されてきたからである。本書は、この事件を紹介するだけでなく、それを素材としてローカルな歴史をリージョナルやグローバルな歴史に接合するとともに、移民史・政治史・経済史などと融合させることで、一九世紀末から第一次世界大戦にかけての時期に関する、アジアからの新しい世界史像を提示する。ひと言でいえば、本書は、「駒形丸事件」を素材とした、グローバルヒストリー研究の手法を駆使した「つながる歴史」である。

第一章

一九‐二〇世紀転換期の世界とイギリス帝国の連鎖

マハートマ・ガンディー

1　イギリス帝国の構造

本書で扱う一九世紀末から二〇世紀初頭の「インド太平洋世界」の形成を理解するためには、イギリス帝国の構造と性格を理解しておく必要がある。イギリス帝国は、近代世界において最大の帝国であり、世界の陸地の約四分の一を領土として支配した。その影響力は、通常は世界地図で赤く塗りつぶされる海外領土である、公式の植民地（公式帝国 formal empire）にとどまらず、中国、ラテンアメリカ、オスマン帝国などの「非公式帝国」(informal empire）にも及んだ。非公式帝国とは、イギリス本国が行使した圧倒的な経済力に直面するなかで、政治的には独立した主権国家であっても、イギリスにより強要された「自由貿易」政策や、国際法によるさまざまなルールに従わざるをえない、従属的な国家群から構成された地域である。幕末や明治時代初期の日本も、事実上、イギリスの「非公式帝国」に組み込まれていたと考えられる。

公式帝国の代表的な植民地が、インドであった。インドでは、一九世紀半ばのインド大反乱後に、東インド会社が廃止されて、本国政府のインド担当国務大臣（インド相）とインド省、および現地のインド総督とインド政庁により統治される直轄植民地となった。一八七七年には、ヴィクトリア女王が「インド女帝」を名乗り、本国の君主制とインド支配が直結されて、イギリス帝国の偉大さが強調されるようになった。インドは、経済・金融政策と帝国外交政策において、イギリス帝国の要の位置を占めた。本国からインドを経て香港に至るイギリス帝国連絡路（エンパイア・ルート）は、アフリカ大陸南端の喜望峰を経由するケープ・ルートと、一八六九年に開通したスエズ運河を通過するスエズ・ルートがあった。八〇年代以降、両ルートとその周辺地域において、エジプト、スーダン、ビルマ（現ミャンマー）、英領マラヤ（現マレーシア）などの従属植民地が獲得され、イギリス公式帝国は拡大した。

他方で、公式帝国を構成したもう一つの重要な領域が、カナダ、オーストラリア、ニュージーランド、南アフリカなどの白人定住植民地であった。これら定住植民地に対しては、一九世紀中葉以降、内政自治が認められた。その代表格がカナダであり、一八四八年に議院内閣制に相当する「責任政府」が認められ、一八六七年にイギリス帝国内の自治領として「カナダ連邦（ドミニオン・オブ・カナダ）」が発足した。しかし、自治領の対外交渉権は依然として本国政府が握っていたので、帝国支配をめぐる最終的な決定権は、イギリス本国政府、閣僚としての植民地大臣（植民相）と植民地省の側にあった。

一九世紀中葉以降のイギリスの支配は、以上述べたような公式、非公式両帝国により支えられていたものの、その影響力は非公式帝国も超えてグローバルに広がっており、当時のイギリスは、二〇世紀後半から二一世紀現代のアメリカ合衆国と同じような、ヘゲモニー国家（hegemonic state）であった。ヘゲモニー国家は、国際関係の枠組みと基本的な「ルール」を決定する実力を持ち、その影響力は公式、非公式の帝国を超えて、経済構造（経済力）と安全保障構造（軍事力）の両面から地球的規模で行使された。同時にヘゲモニー国家は、国際政治経済秩序を維持し拡張するために「国際公共財」（international public goods）を提供していた。この国際公共財には、自由貿易体制、決済制度としての国際金本位制、安全保障としての海軍力と公海航行の自由、円滑な経済取引の背景となる世界標準時や外交関係を支える国際法、情報交換のための海底電信ケーブル網の敷設などが含まれた。こうした国際公共財の提供で最大の利益を得たのがイギリス自体であったことは言うまでもない。しかし、国際公共財は、一定のコストを払えば、国際社会のメンバーの誰もがその恩恵に浴して利用することができた。東アジアの新興工業国の日本人や、「女王陛下の帝国臣民」（Her Majesty's imperial subjects）と呼ばれていたイギリス公式帝国の住民も、国際公共財を利用・活用できたのである。

以下では、「駒形丸事件」が起こった背景を、モノ（輸出入）とヒトの移動（移民）に関わる経済面と、政治外交・軍事力に関する安全保障面で概観しておきたい。

2 「アジア間貿易」の形成と移民

世紀転換期のアジアでは、日本・中国をふくむ東アジア、シンガポールや蘭領東インド（現インドネシア）、シャム（現タイ）をふくむ東南アジア諸地域、さらにインド・ビルマをふくむ南アジアを相互に結ぶ、アジア独自の地域間貿易が形成された。杉原薫が提唱した、「アジア間貿易」（intra-Asian trade）がそれである。[1] このアジア間貿易は、帝国主義の時代にありながら、欧米列強の植民地と、日本・中国・タイを経済的に結びつけ、成長率では植民地支配の本国である対欧米向けの貿易を上回った。

一八八三年時点のアジア間貿易の構造は比較的単純であった。インドから中国向けのアヘン輸出が中心であり、綿糸は対中国輸出額の一割弱の一二二万ポンドに過ぎなかった。もともと、中国とインドの間でのアヘン取引は、一九世紀前半に、インド－中国－イギリス本国を結ぶ「アジアの三角貿易」[2]の密輸品として登場し、世紀中葉のアヘン戦争の原因になったことはよく知られている。近世以来の「アジアの海」（海域アジア世界）では、マラッカ海峡以東（南シナ海、東シナ海）ではジャンク船を操る中国人商人（華僑・華商）が、以西のインド洋海域では、ダウ船を操るムスリム商人やインド人商人（印僑）が、独自の交易ネットワークを確立していた。アジア間貿易は、欧米勢力が東南アジア地域に進出する以前から、現地のアジア商人層を中心として形成されていた、こうした近世の海域アジア世界（Maritime Asia）の通商ネットワークを基盤としていた。

一九世紀後半の汽船の時代になると、アヘン貿易は、華僑、印僑だけでなくユダヤ系商人のサスーンやアルメニア人商人なども加わって一層発展し、東南アジアの英領海峡植民地やシンガポールを経由して、インドと中国を結ぶ新しい貿易通商網が成立した。だが、一九世紀末の一八九八年の段階になると、インドの中国向け輸出の中身は、綿糸四一七万ポンドに対してアヘン三五七万ポンドと、アヘンと綿糸の立場が逆転した。

世紀転換期以降のアジア間貿易の発展は、「インドの棉花生産⇕日本（大阪）とインド（ボンベイ：現ムンバイ）の近代綿糸紡績業⇕中国の手織綿布生産⇕太糸・粗製厚地布の消費」という連鎖を中心に、その半分近くが綿工業に関わる「綿業基軸体制」によって支えられていた。

その前提として私たちは、アメリカ南北戦争期の「棉花ブーム」の影響で、一八六〇年代後半のインドでは綿紡績業が「復活」したこと、さらに日本でも、一八八〇年代初頭か

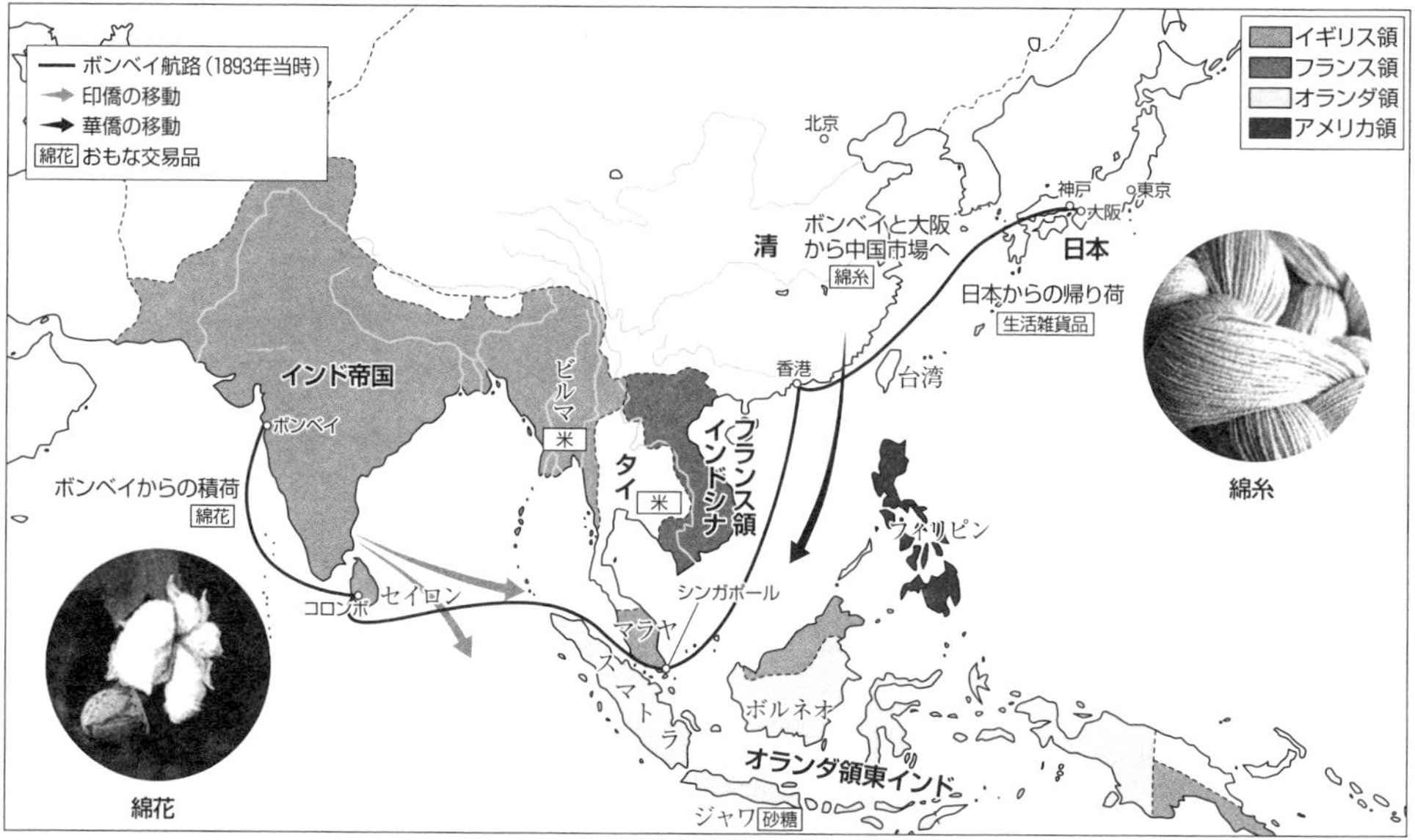

図 1-1　19 世紀末のアジア間貿易（出所：第一学習社教科書『高等学校 改訂版 世界史 A』2017 年、165 頁）

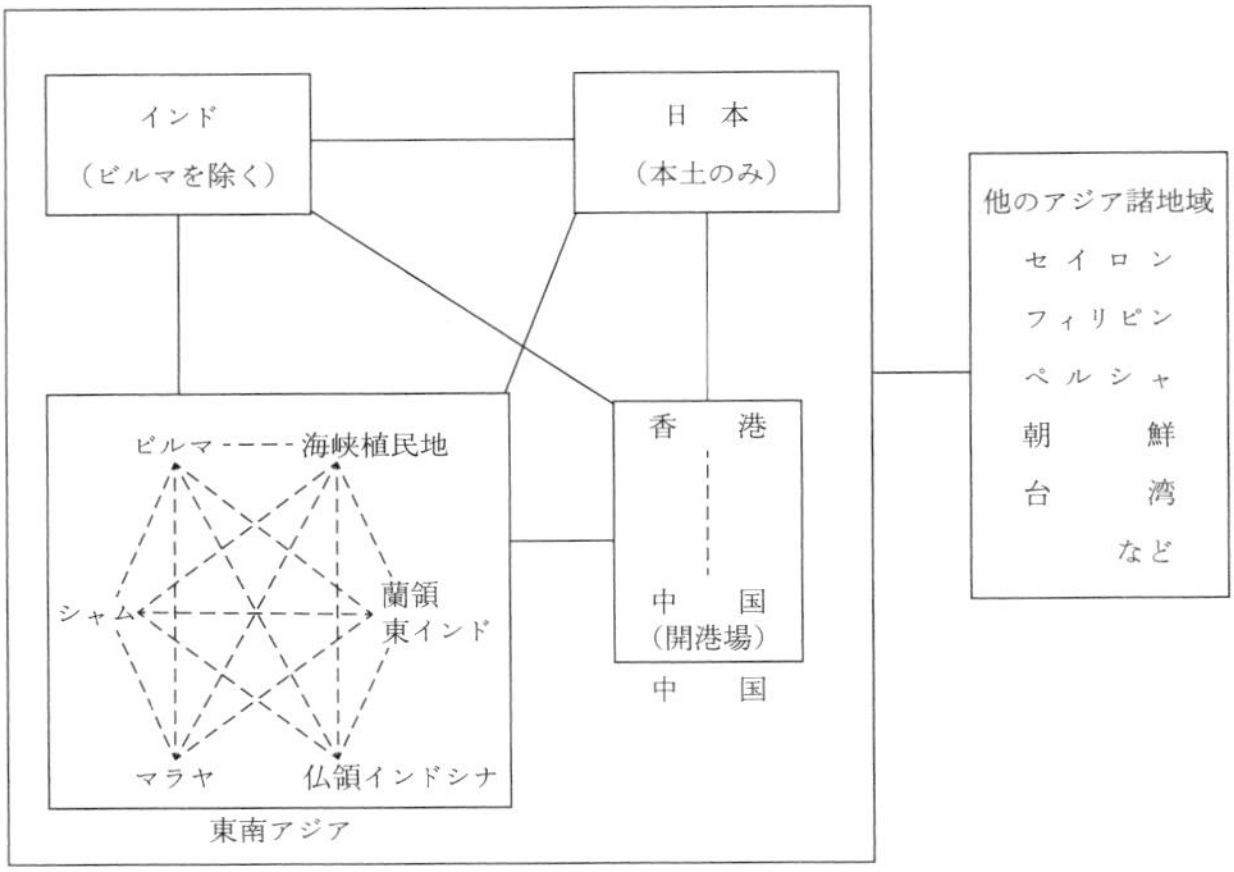

(注)　直線で結んだボックス間の貿易が「アジア間貿易」である。
(出所：杉原〔1996〕18頁)

図1-2　アジア間貿易の概念図

ら、大阪・神戸（関西）を中心に軽工業（消費財生産）が勃興していたことを認識しておく必要がある。こうしたなかで、ボンベイと大阪で紡がれた綿糸が、アジア最大の中国市場への売りこみをめぐり競争を展開した。中国では伝統的な手紡糸が支配的であったが、輸入された外国産の綿糸も、手織機で織布に仕上げられて広大な国内市場で販売された。その連鎖の中でも、特にインドの棉花と、機械紡績製綿糸の東アジア向け輸出が重要な役割を果たした。世界で最初の産業革命を支えたはずのイギリスのマンチェスター産の綿糸は、こうしたアジア内部での価格競争に耐えられず、いち早く脱落した。

一九一三年のアジア間貿易額は、対欧米貿易総額の約八割、約一億六七三〇万ポンドであったが、その成長率は、欧米向け貿易を上回り、一八八三－一九一三年の三〇年間に、年平均五・五パーセントに達したのである。

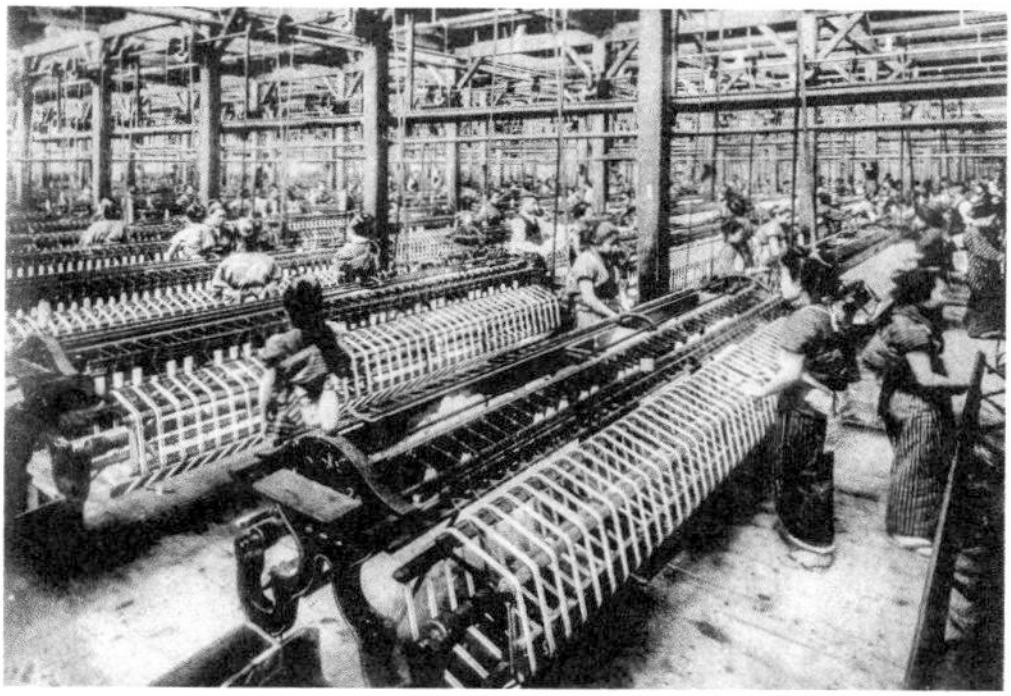

図1-3　大阪紡績会社（public domain　以下、出所明示ない写真すべて同様）

このアジア間貿易の発展は、イギリスが推進した「自由貿易帝国主義」もしくは「押しつけられた自由貿易」と無縁ではなかった。アジア内部の国際分業体制であるアジア間貿易にとって、たとえ不平等条約に代表されるように自由貿易を押しつけられたとしても、イギリスが世界的規模で構築した自由貿易体制の存在が、その形成にとって不可欠の要素になっていた。東南アジアにおいて、大阪・神戸から輸入された綿布・マッチ・ガラス製品などの生活雑貨品は、農民や移民労働者の生活を支えるために不可欠であった。たとえば、海峡植民地（英領マラヤ）では、一九世紀末から、工業原料として欧米諸国向けの天然ゴムや錫の輸

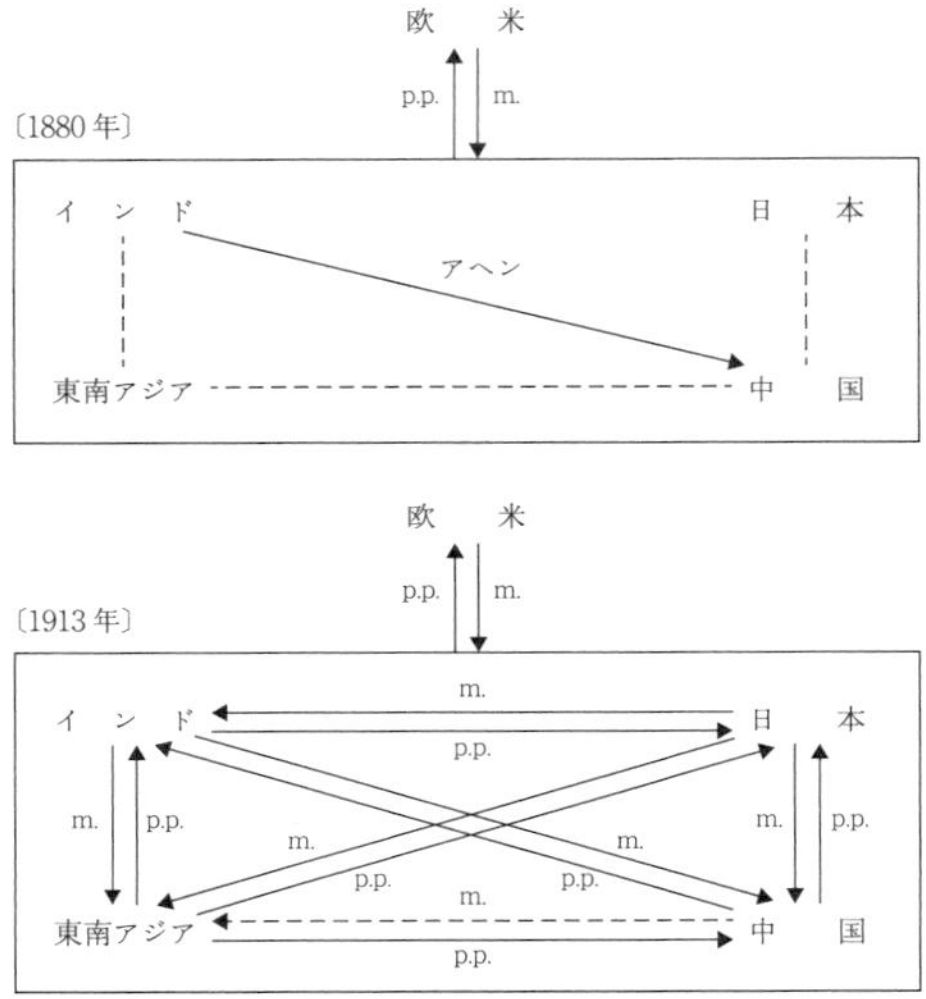

（注）　m. は工業品を、p. p. は第一次産品を指す。
（出所：杉原〔1996〕36 頁）

図 1-4　世界市場へのアジアの統合図

出が増大した。その過程で、現地のプランテーションや鉱山で生産に従事した中国や英領インドからの移民労働者たちは、一定の収入を得て、彼らが消費する生活雑貨品の需要も増えた。食糧としてのビルマやシャムからの米、ジャワからの砂糖だけでなく、大阪・神戸からの生活雑貨品の輸入も同時に増えるという、密接な経済的つながりが形成された。[3]

さらに、アジア間貿易の発展には、汽船航路網の整備、鉄道・港湾施設の整備、電信・金融・保険など、関連サーヴィス部門の発展が不可欠であり、その運輸通信網の整備の資本と技術は、欧米、特にヘゲモニー国家イギリスからもたらされた。その意味で、アジア内部の国際分業体制、アジア間貿易の発達は、欧米からの機械などの資本財や資本の輸入、技術移転・導入があって初めて可能になった。こうした地域間貿易の形成は、ラテンアメリカやアフリカ諸地域では見られず、非ヨーロッパ地域ではきわめてユニークであった。

†白人の海外移民と自治領（ドミニオン）

一九世紀後半から一九三〇年頃までは、大量の移民が、一方では南北アメリカやオーストラリアの新大陸で新たな国民国家や自治領を形成すると同時に、他方、アジア・アフリカの諸植民地で第一次産品の輸出経済の発展を担った。その文脈で、一九世紀は「移民の世紀」であると言える。一九世紀は、国際的な労働力の移動（移民）という点では非常に「自由」な時代であり、モノ（商品）だけでなく資本（カネ）や労働（ヒト）という生産要素の取引に関しても、「自由主義」が貫徹していた時代であった。[4]

一八四〇年代後半から一九四〇年におけるヨーロッパからの大陸間移動による移民数は、約五三〇〇万人で、そのうち約七割が北米大陸、約二割が南米に、さらに約七パーセントが、イギリスからオーストラリア・ニュージーランドに向かった。このヨーロッパ人移民の大半は、個人の自由意志による移民であり、送り出し国としては、一八八〇年代まではアイルランド、イギリス、ドイツが、八〇年代以降はイタリア、スペインなどの南東ヨーロッパ諸国が目立つようになった。

イギリス帝国圏だけ見てみると、一八五三年から一九二〇年までに、イギリス本国からだけで九七〇万人強が海外に移住した。そのうち約四三〇万人（四四・三パーセント）がアメリカ合衆国へ、カナダへは二四〇万人（二四・七パーセント）、オーストラリアとニュージーランドへ一七〇万人（一七・五パーセント）、南アフリカへ六七万人（六・九パーセント）が移住した。これらの本国からの白人移民が主体となって形成された白人定住植民地は、世紀中葉以降、内政に関する自治権を与えられて、自治領として発展していった。

白人移民が一九世紀後半に急速に増大した要因として、一八六九年に、スエズ運河とアメリカ大陸横断鉄道が開通したことが大きい。汽船の時代に対応したスエズ運河は、ヨーロッパとアジア・オセアニア諸地域との距離を三分の二に短縮した。アメリカ大陸横断鉄道の開通で、汽船と乗り継げば、「八十日間世界一周」も可能になった。こうした交通革命と、安価な食糧・原料に対するイギリスの需要拡大により、一八六〇年代以降、白人の帝国フロンティアはさらに急速に拡大した。大半の移住者は、親戚や友人の送金を除くと、ほとんどが資金的援助を受けずに自由移民として渡海したが、一九世紀後半になると、帝国「辺境」の植民地政府からの支援により、白人領への移住が促された。たとえば、一八六〇－一九〇〇年の約八〇万人のオーストラリア移民のうちで、約半数が現地の植民地諸政府の支援を受けていた。一九世紀末の典型的な移民者は、公式帝国を含めた海外での経済的機会に引きつけられた、本国の都市居住者たちであった。

こうして形成された白人自治領（ドミニオン）は、人種的・文化的な紐帯を通じて、本国イギリスと緊密な関係を維持した。移動性の増大と情報の増加に伴い、出身国への帰国（リターン・マイグレーション）も容易になり、約四割近くの移民が本国に帰還したと言われる。移民が事実上、出稼ぎ労働化したのである。

自治領は、内政事項については独自性を発揮できたが、対外交渉面では、本国政府の閣僚である植民地大臣（植民相）と植民地省の管轄下に置かれた。現地には、女王の代理として本国から総督が派遣された。自治領の立法議会が制定する「国内法」は、原則としてロンドンの本国議会の制定法に抵触することは許されず、両者に齟齬が生じた場合は、本国のイギリス枢密院司法委員会が最終判断を行なうという、法制面での重層構造があった。

†アジア人労働者の移動と自由貿易港

白人の海外移住に対して、同時期のアジア諸地域からの移民数は、統計上は約四六六〇万人であった。その三分の二、約三〇〇〇万人がインド人移民であり、中国人が約一六〇〇万人を占めた。このアジア人移民は、南米・西インド諸島・南アフリカなど遠隔地への移動は少なく、一九世紀末になると、ビルマ・マラヤ・セイロン（現スリランカ）など、比較的短距離の、帰国率の高い出稼ぎ型の移民が多かった。大陸間移動では、ヨーロッパから新大陸への白人移民が圧倒的に多い。しかし、インド内部や中国内部での移動など、地域内の遠隔地への移動を加えた労働力の移動（移民）を比較すると、ヨーロッパ人とアジア人の移民の数は、ほぼ同等の規模であったと推察できる。

一九世紀前半のイギリス帝国では、一八〇七年に奴隷貿易が、一八三三年には奴隷制が撤廃された。この過程で、一九世紀中葉以降、インドや中国からの年季契約労働者（indentured labour）[5]が、西インド諸島・南米・東アフリカ・モーリシャス・セイロン・マラヤなどに向かい、熱帯地域のプランテーションや鉱山で、第一次産品を生産する労働力として利用された。国際労働市場として、アフリカ系の黒人奴隷からアジア人の年季契約労働者への転換が進んだのである。

この年季契約労働者を中心としたアジア人移民の増大は、イギリス帝国が確立した自由貿易体制とその拠点であったアジアの二大自由貿易港、香港とシンガポールの発展に大きく依存していた。

たとえば、シンガポールの発展を根本的に左右したのが、一八一九年にラッフルズが獲得して以来、イギリス帝国連絡路(エンパイア・ルート)の要の自由貿易港としての地政学的位置である。シンガポールは一八六七年に、ペナン、マラッカとともに、海峡植民地(Straits Settlements)を形成し、グローバルに展開した自由貿易体制を支える拠点として機能した。同時にシンガポールは、一九世紀末から形成されてきた「アジア間貿易」のハブとしても、決定的に重要な役割を果たした。また、後背地のマレー半島では、世界市場向けの第一次産品として、天然ゴムのプランテーションと錫鉱山の開発が進み、インド南部出身のタミル人や中国南部出身の華人労働者に対する労働力需要が急増した。他方、同時期の香港は、北米やオーストラレーシア(オーストラリア、ニュージーランド)へ移民労働者(苦力)を送り出す拠点や、海外からの中国系移民の本国向け送金の中継地点(外国為替決済の拠点)として機能していた。

帝国の国際公共財である自由貿易体制、その重要拠点としての香港とシンガポールには、その経済的魅力と多様な雇用の機会を求めて、商人、専門職(植民地官吏、警官、兵士など)、労働者として、多数のインド人が居住、あるいは一時滞在していた。そうした海域アジアとグローバルな世界が結びつくなかで、「駒形丸事件」が発生することになる。

3 日英同盟とインド太平洋世界

一九-二〇世紀転換期の国際秩序を考える際に、外交・安全保障面での日英同盟の存在と、帝国形成を中心とした日本の帝国外交の展開にもふれておく必要がある。本書では、第一次大戦勃発直後に海峡植民地・シンガポールで発生したインド軍歩兵連隊の反乱を分析するが、帝国主義的な帝国の共存体制とアジアのナショナリズムとの関係、そのなかで日本帝国が果たした役割は重要だからである。

ヘゲモニー国家として威勢を誇ったイギリス帝国も、世紀転換期の帝国主義戦争であった南アフリカ(第二次イギリス=ボーア)戦争[6]で、残虐な行為に対して列強諸国からの非難を浴びて外交的に孤立したため、帝国外交の根本的な転換を図った。伝統的な「光栄ある孤立」(splendid isolation)政策を放棄して、他の諸列強との同盟・協商関係に転じたのであり、その最初の成果が、一九〇二年に締結された日英同盟であった。

日英同盟が、東アジア（極東）における日英両国の利益擁護と防衛の強化を目的とした期限五年の同盟であり、日露戦争での日本の勝利に間接的に貢献したことはよく知られている。その後日英同盟は、一九〇五年八月と、一九一一年七月の二回にわたって更新された。一九〇五年の更新により、第二期の日英同盟は、適用範囲が英領インドまで拡大されて、インド防衛に対する日本の関与と、日本による韓国の保護国化をともに容認した。これにより同盟は、対外的な勢力拡張をめざした関係に変化した。この時期の日本政府は、「日英同盟ハ帝国外交ノ骨髄タリ」と位置づけて、日英同盟を基軸とする外交政策を推進した[7]。

図 1-5　日独戦争で青島に到着したイギリス軍（1914 年）

一九一一年の二度目の改訂では、同盟の期間を一〇年としたうえで、インドと韓国の条項がそれぞれ削除されて、アメリカ合衆国が両国の協約の対象外とされた。日英同盟は引き続き、日本外交にとって決定的に重要であったが、一九一一年一〇月に中国で勃発した辛亥革命への対応が、日英両国の間で緊張が生じるきっかけとなった。イギリス政府が、袁世凱政権に対し、事態を好意的に静観して革命を容認する姿勢をとったのに対して、日本では、一九一三年の第二次革命以降、中国に対する強硬論が高まった。さらに、日本による長江（揚子江）流域での鉄道の建設計画をめぐる意見対立もあって、中国において最大の経済的な権益を保持したイギリス帝国の利害と、中国大陸への積極的な進出、勢力範囲の拡大を図ろうとする日本との、対立関係が表面化してきた。

図1-6　外相・加藤高明

こうして、緊張関係をはらみながらも、第一次世界大戦勃発直前の日本にとって、日英同盟は、「日本の東洋における立場を一段堅く築き上げようとする」ため、第二次大隈重信内閣の外相・加藤高明が「外交的願望」を達成する強力な推進力になった。日本は、外相加藤のイニシアティヴで、日英同盟の存在を口実として、一九一四年八月末に第一次世界大戦に参戦し、中国・華北におけるドイツ帝国の拠点であった山東半島と青島攻略の「日独戦争」に乗り出した。青島攻略戦には、当初消極的であったイギリス陸海軍も協力した。「駒形丸事件」は、この微妙な時期の日本帝国とイギリス帝国、二つの帝国間関係に、特に軍事外交面で影響を及ぼす可能性があった。

4 「帝国臣民」としてのインド人移民——南アフリカにおけるガンディー

†インド人契約移民労働者と帝国・植民地[8]

図1-7　苦力《クーリー》

世紀転換期のインド人移民たちは、いかなる状況に置かれていたのだろう。最初に、熱帯地域の王領植民地（the Crown Colonies）で労働力として圧倒的な比重を占めた年季契約労働者、あるいは通常「苦力移民」（coolie emigration）と呼ばれたインド人移民の状況を、一九一〇年にイギリス本国議会の下院に提出された、議会委員会報告書に依拠して概[9]

観しておきたい[10]。

苦力移民に対しては、当時から賛否両論あり、現地のインド政庁を巻き込んで、その契約条件や入植現地での労働環境をめぐって論争がなされてきた。この報告書は、一連の論争の総括と、イギリス本国政府を含めた政策当局の見解の到達点ともいうべき文書である。

最初の苦力移民は、一八三四年のモーリシャス移民で、四四年には、ジャマイカ、英領ギアナ、トリニダード、五六年にはグレナダ、五八年にセント・ルシア、六〇年には南アフリカのナタールへの移民が始まった。一八四二年から七〇年までの諸地域への移民数は、以下の通りであった――モーリシャス：三五万一四〇一人、英領ギアナ：七万九六九一人、トリニダード：四万二五一九人、ジャマイカ：一万五一六九人、その他の西インド諸島：七〇二一人、ナタール：六四四八人、仏領植民地：三万一三四六人[11]。

移民の基本的な契約は五年間で、一〇年後（ナタールでは五年後）に無料での帰国（free return passage）が保証されていた。移民先とコルカタで契約条件や渡航状況を監視するため、移民保護官（Protector of Emigrants）が任命された。当初から、五年の契約を終えた後の処置をめぐり、再契約を要求するプランターと、自由身分として小土地所有者あるいは自由労働者としての権利を要求した移民の間で、紛争が絶えなかった。そのため、イギリス東インド会社とインド政庁は、現地の植民地当局に対して、契約移民の保護措置や、契約満了後に苦力の定住を促す努力を求めてきた。その結果、一九〇七年の報告書によれば、インド人移民数は、モーリシャス二六万四〇〇〇人、英領ギアナ一二万七〇〇〇人、トリニダード一〇万三〇〇〇人、ジャマイカ一万三〇〇〇人、ナタール一一万五〇〇〇人、フィジー三万一〇〇〇人、合計で約六五万三〇〇〇人に達していた。[12]

この一九一〇年インド人苦力委員会報告書は、年季契約移民労働者の制度を肯定的に評価する姿勢を明確にした。すなわち、苦力移民を、撤廃された奴隷制と同様の、強制労働・不自由労働として非難する一般的な論調に対して、この報告書は、以下のような肯定的な評価と、政策の提言を行なっていた。①過去二〇‐三〇年間の実績を考慮すると、インド人移民は、熱帯王領植民地の資源開発（農業生産）のために最大の貢献をしてきた、②定着したインド人移民は、主要な産業の担い手、納税者としても、現地の政府や社会に利益をもたらしている、③したがって、契約が満了した移民が独立して定住できるように、農業開発の可能な余剰地がある植民地に限定して、契約移民労働者制度を容認すべきである、と。[13]

この報告書では、植民地省が管轄した王領植民地が考察の対象であった。インド洋のモーリシャスと、西インド諸島の諸植民地、および一八八二年から移民が始まった太平洋のフィジーに重点が置かれており、自治領（ドミニオン）は、検討の対象からはずされていた。しかし、次項で述べるように、一八六〇年に契約移民労働者の導入が認められた南アフリカのナタール植民地でのインド人移民の地位と権利の擁護が、世紀転換期のイギリス帝国を揺るがす大きな問題になった。

†南アフリカ・ナタール自治植民地とインド人移民

世紀転換期、南アフリカ（第二次イギリス＝ボーア）戦争前のナタール植民地は、一八九三年七月に責任政府が認められた自治植民地であった。現地の経済は、プランテーションでの砂糖生産を主力とする第一次産品の輸出に大きく依存しており、その労働力として、年季契約労働者としてのインド人移民が不可欠であった。そのインド人移民社会は、通常五年契約の年季契約労働者とその後自由身分になった労働者、および、自由意志で渡航して定着した比較的富裕な商人層の、二つの社会階層から構成されていた。九五年の人口統計によれば、約四万五〇〇〇人の白人と、約四万人のインド人、約四五万人のアフリカ人がいた。立法議会の選挙権は有産者に限定されており、白人の有権者九三〇九人に対して、インド人有権者は二五一人に過ぎず、インド人有権者の六割が商人、二割が専門職で占められていた。

イギリスで法廷弁護士（barrister）の資格を取得していたマハートマ・ガンディーは、

金銭訴訟を抱えたムスリム商人ダーダー・アブドゥラーの依頼を受けて、一八九三年五月末に英領インドからインド洋岸の港湾都市ダーバンに到着した。内陸都市プレトリアでの一年間の生活を通じて、彼は法廷弁護士としての地位を固めた。一年後の九四年五月末の

図 1-8　南アフリカ時代のガンディー

帰国直前に、ナタール政府によるインド人の参政権制限法案の提出に接すると、ガンディーは急遽帰国を中止して、インド人移民社会を率いて抗議運動を展開した。同年年八月には、インド国民会議をモデルとして「ナタール・インド人会議」(Natal Indian Congress) を組織した。法廷弁護士としての経験を活かして、イギリス本国議会やナタール植民地立法参事会の政治家たち、本国や英領インド、現地ナタールの各種の新聞への投稿・働きかけを通じて、インド人移民の権利を擁護するため、合法的な請願活動を精力的に展開した。ガンディー自身も、南アフリカでの滞在が、一九一五年一月にインドに帰国するまでの二一年余の長期にわたるとは予想もしていなかった(途中、一八九六年四月からの約半年と、一九〇一年のほぼ一年間はインドに帰国)。

彼の南アフリカ滞在期間は、イギリス帝国への全面的な信頼に基づいて法廷闘争を展開した「前期」のダーバン時代と、一九〇二年にヨハネスブルクに居住してから、次第に法廷弁護士の活動を控えて政治運動に傾斜し、帝国への失望感と幻滅を感じつつも、依然としてイギリス帝国への協力の姿勢を貫いた「後期」に二分される。[14]

†「イギリス帝国の臣民」——ガンディーの闘争

ガンディーのインド人移民差別法案に対する抗議活動は、立法参事会への公開書簡の送付やインド人会議の意見表明を通じて、合法的に行なわれた。一八九五年一二月の「南アフリカの全イギリス人へのアピール」で彼は、「インド人が抗議しているのは、肌の色による差別、人種の差による資格剝奪である。」「そもそもイギリス帝国の臣民でなければ、インド人の選挙権問題は起こらないし、国家が支援するインド人移民もありえない……南アフリカにインド人がいるのは、彼がイギリス帝国の臣民であるからだ。彼は、好むと好まざると、寛大に取り扱われねばならない。」と、帝国臣民の論理を強調した。

一八九六年四月からの一時帰国中に、ガンディーは、インド各地の民族運動指導者達と懇談して、南アフリカのインド人の苦境を訴えた。その一環として、彼は九六年八月に、表紙の色にちなんで後に『グリーンパンフレット』と呼ばれた小冊子を出版し、当時としては稀な政治的関心を喚起した。そこで展開された論理も同じであった。すなわち、この問題は、「英領インド人がインドを離れたときに、他のイギリス帝国の臣民が享受しているのと同じ法律上の地位を持てるのか、彼らがイギリス帝国の領土間を自由に移動できて友邦諸国において、イギリス帝国の臣民の権利を主張できるのか」を問い掛けている、「この問題をめぐる決定は、現在、南アフリカに定住しているインド人に影響するだけでなく、将来のインド人移民全体、イギリス帝国および友邦諸国内の他の諸地域におけるインド人移民の地位をも左右する」帝国全体にかかわる問題である、と主張した。

ここでガンディーが強調する「帝国臣民」としての帝国内の移動・定住の自由は、世界中で公式帝国（植民地）を保有したイギリス帝国の最大の独自性であった。近代国民国家の「国籍」（nationality）とは異なり、グローバルに展開したイギリス公式帝国の住民は、人種や肌の色に関係なく、イギリス本国を含めて自由に帝国各地を移動し、居住・労働することが保証されていた。この国制上の慣例により、帝国臣民の移動と居住の自由は、本国政府が帝国の威信にかけて保証してきた。国境を超えたヒトの移動を管理するパスポートも存在せず、国籍を問われることなく、公式帝国の諸地域間で、無制限で自由な往来を暗黙裡に保証されたイギリス帝国の一員、女王陛下の「臣民」として、ユニオン・ジャックの旗の下で、富裕な上中流階級（ジェントルマン）だけでなく、インド人苦力のような貧しい農業労働者たちも、新天地での雇用・職・活躍の舞台を求めて帝国内を自由に移動できた。「移民の世紀」であった一九世紀にあって、こうした「特権」を享受できることが、他の欧米列強の植民地帝国や日本帝国にはなかった、イギリス帝国の最大の魅力であった。

特に、インドでは、世紀中葉の「インド大反乱」の帰結として、一八五八年にヴィクトリア女王(その代理としてのインド総督キャニング)が出した「女王布告」が、人種・宗教・言語・文化の違いを超えた平等を掲げる帝国統治の基本原則として、形式的な規定力を持っていた。この植民地統治の安定を図る必要があったインド独自の事情と、支配・統治の普遍性を掲げたイギリス帝国の論理を、被支配民族であるインド人移民達も、自己の社会経済的な利害や政治的権利を確保するために、最大限に利用することが可能であったのである。

†ダーバン港騒擾事件――インド人移民の排斥運動

インド人移民の政治的権利抑圧に対するガンディーの抵抗運動は、インド人移民の入国制限、インドへの送還要求を引き起こし、インド人会議の指導者ガンディー個人への強烈な批判と反発を生み出した。それが典型的に表れたのが、一八九六年一二月に、彼がボンベイからの汽船でダーバン港に帰着した際の上陸阻止の試み、ダーバン港騒擾事件である。[15]
ガンディーは、一八九六年四月に、家族を迎えるためにインドに一時帰国していた。彼は、ボンベイからインドの船会社ダーダー・アブドゥラー社の汽船クーランド号に乗船し、ほぼ同時に出港したペルシア汽船の大型船ナーダリー号とともに、一二月一八日にダーバンの港外に到着した。当時、西部インドでは腺ペストが流行していたため、両船は港湾保健当局から、検疫のため港外の投錨所に停泊するよう命ぜられた。当初数日間と予想された待機期間は、意図的に引き延ばされて、両船の約八〇〇名の乗客は、結局二三日間も上陸を許されなかった。インドからの両船には、ガンディーに率いられた鍛冶屋や植字工などの熟練職人層を含めた数百名のインド人が乗船しており、彼らはナタールの「侵略」を計画していると、根拠のない噂話が広がった。インド人船客の上陸足止めが、一つの政治問題に転化したのである。ダーバンのインド人社会は、船客救援のために検疫救援基金を組織し、乗客に食糧や毛布を供給した。船会社アブドゥラー社は、植民地政府の法務長官に接触し、恣意的な行政措置による検疫期間延長の即時撤回を求めていた。
年が明けて一八九七年一月の第一週に、ダーバン市公会堂で、白人労働者階級を集めて、アジア人の上陸に抗議する一連のデモと集会が開かれた。一部の扇動者による組織委員会は、両船のインド人を本国インドに送還せよとの決議を行ない、行政府への政治的な圧力

図1-9　植民地相　ジョセフ・チェンバレン

行使を試みた。行政府と法務長官は、デモによる実力行使には反対しつつ、アジア人移民の流入を抑制するための法制定を約束した。
　両船が港湾当局から上陸許可を得たことで、一八九七年一月一三日に膠着した状態が動き出した。両船は、ダーバン港の主要な波止場を避けて離れた場所に停泊し、インド人乗客は小集団に分かれて無事に上陸した。ガンディーと家族は、夕方まで船に留まった後、アブドゥラー社の事務弁護士とともに上陸を試みた。彼らはたちまち白人暴徒の一団に取り囲まれ、侮りや弥次の口笛がこだまするなかで、腐った魚や卵が投げつけられて、ガンディーのターバンも奪われた。この群衆によるリンチ直前の危機的状況は、偶然通りかかった警察署長夫人の気転に助けられて、警官の護衛の下で、彼らは、ようやくインド人商人の家にたどり着くことができた。家族の無事を確認したガンディーは、市警察刑事と相談した上で、インド人警吏に変装して群衆の間をすり抜け、その場を脱出したのであった。
　ナタール行政府とダーバン市警察は、一八九七年初めの時点では、法治主義を堅持し、インド人移民の排斥運動が過激化するのを抑制する姿勢を堅持した。インド人移民の上陸を水際で阻止するため、移民が乗船した船舶の入港・接岸自体を拒否する戦略は、後に、カナダ自治領のバンクーバーで発生した「駒形丸事件」で、帝国を揺るがす大問題に発展する。このダーバン港湾騒擾事件は、イギリス本国議会の下院でも質疑がなされ、植民地相ジョセフ・チェンバレンは、ガンディーを迫害した者を起訴するようにナタール政府に打電したが、ガンディーはその申し出を即座に辞退した。

この事件から三カ月後に、植民地政府法務長官はナタール議会に、検疫法の強化、インド人移民の制限、インド人に対する商業許可証の発行制限を目的とする、三つの反インド人法案を提出した。この行政府の方針に対して、ガンディーを指導者とするインド人会議は、あらためて抗議を表明するため、一八九七年三月一五日付けで、この間の事情を詳細に説明するため、「帝国臣民」としてのインド系移民の対等の立場と権利を強く主張する、次のような請願書をチェンバレンに送付した。

イギリス植民地の政府によって、そのような威嚇行為が承認あるいは黙認される事は、ナタール政府に失礼ではございますが、イギリス国制の最も大事にされた原理に反する新たな経験であります。デモの影響は、植民地全体の幸福だけでなく、ヨーロッパ人のイギリス臣民（the European British subjects）と同じくイギリス帝国の一部であると主張する、インド人コミュニティの安寧にとっても、大変な不幸をもたらします。（中略）仮に、帝国政府が、インド人のイギリス臣民（the Indian British subjects）に、帝国の全ドミニオン地域（Her Majesty's Dominions）との自由通交原則を認めるのであれば、諸植民地政府の側での非難すべき不公平を排除するため、帝国政府により何らかの見解表明があることを希望いたします。[16]

ほぼ三週間にわたって、ダーバンでの上陸を阻止されたこの騒擾の経験は、ガンディーに精神的な緊張を強いて、深刻な影響を与えることになった。船上での長い待機は、彼の忍耐心と語ってきた理想（白人の憎悪に対する、愛と自己犠牲の精神）の双方を試練にかけた。デモ参加者の白人の憎悪・敵意に直面する中で、彼は、その報復として白人を憎まぬように努めた。ガンディーの深い確信は、サティーヤーグラハ（非暴力主義）の実践を経て、やがて一九〇九年に出版される『ヒンドゥ・スワラージ（インドの自律統治）』に結実することになる。

†「帝国のシンデレラ」からサティーヤーグラハへ

インド人移民が「帝国臣民」であることを強調したガンディーは、英領インドがイギリス公式帝国の一部であり、正規の帝国構成員であることを内外に示す努力を重ねた。彼の帝国への忠誠心は、南アフリカ戦争での戦争協力で示された。彼は、年季契約労働者を含めたインド人移民の中から約一一〇〇人の志願兵を集めて「インド人野戦衛生隊」(Indian Ambulance Corps)を組織した。同隊は、戦況が不利な初期段階で活躍し、イギリス軍の負傷者を看護するために最前線で活動して高い評価を得た。後の一九〇六年にナタールの現地民ズールー族が反乱を起こした際にも、ガンディーは同様に、小規模なインド人野戦衛生隊を組織して反乱の鎮圧に協力した。苦境に陥ったイギリスを軍事面から支援することで、インド人のイギリス帝国への忠誠心を誇示して、「帝国臣民」としての認知を求めたのである。

図 1-10　インド人野戦衛生隊

ガンディーとインド人会議の抗議にも

図 1-11　ヤン・スマッツ（1905 年）

かかわらず、ナタールでインド人移民の政治的諸権利は次々と制限されていった。一九〇一年一〇月に彼は、南アフリカにおける自分の使命を当面終えたとして、インドに一時帰国した。だが、南アフリカ戦争直後の再建期の〇二年一二月に、彼は再び請われて南アフリカに戻った。翌〇三年四月からは、最高裁での弁護資格を有する著名な法廷弁護士としてヨハネスブルクに定住し、トランスヴァール居住のインド系移民の権利擁護に本格的に取り組んだ。彼は依然として、イギリス帝国の良心、「帝国臣民」としての諸権利の保証に全幅の信頼を置いていたが、この時期から次第に帝国に対して懐疑心を抱くようになった。

その端緒は、インド人世論喚起のために創刊された雑誌『インドの見解』（*Indian Opinion*）の一九〇三年七月の論説「帝国のシンデレラ」に見られた。その論説でガンディーは、帝国に対するインドの軍事的・財政的貢献が報われない現状に不満を表明した。すなわち、「インドが帝国への負担を求められる一方で、帝国から利益を受けられないのは平等な取引であろうか。……南アフリカの人々は、インド領有でイングランドが得る栄光をイギリス人共通の財産として享受しながら、その栄光に貢献した数百万のインド人を絶えず傷つけるつもりなのか」、と。[17]

ガンディーのイギリス帝国に対する「反乱」は、一九〇六年八月にトランスヴァール当局が、アジア人移民（インド人）登録法案を提出した頃から明確になった。彼は、従来の請願・説得を通じた政策当局への働きかけの限界を認識し、非合理な「悪法」には従わず、住民登録には応じない姿勢を明確にして、新たな対抗戦術としてサティーヤーグラハを編みだした。〇六年九月一一日の集会で、サティーヤーグラハの開始が宣言された。ガンディーが政治的に向き合ったのは、ボーア人政治家のヤン・スマッツ（Jan van Smuts）が率いた現地政権であった。同時に彼は、イギリス本国の総選挙で大勝した自由党政府への政治的働きかけを通じて、現地当局への圧力行使を期待した。だが、〇六年一二月にトランスヴァールは、本国政府により自治領の地位を認められ、自治政府はアジア人登録法制定に向けて動いた。結局、同法は翌〇七年三月にトランスヴァール議会で可決され、六月に国王の裁可を得て七月から施行された。

ガンディーは、指紋押捺を含む登録手続きのボイコットを訴えたが、登録法違反で一九〇七年一二月に逮捕、投獄された。トランスヴァール当局は、さらに翌〇八年一月、移民制限法を制定してインド人移民の事実上の締め出しを図った。この暴挙に対して、ガンディーのサティーヤーグラハは精力的に継続され、スマッツとの政治闘争は激化した。
一九〇九年になると、南アフリカの諸自治植民地を統合して「南アフリカ連邦」(The Union of South Africa)を創設しようとする動きが現実化した。ガンディーは、連邦結成がインド人問題をさらに悪化させると判断して、本国の自由党アスキス政権の介入を期待して、ロンドンでロビー活動を展開した。だが、植民地相クルーは、帝国政府が現地南アフリカの政治家たちに対して、「帝国臣民」としてとしてのインド人移民の権利を認知させることは、国制上不可能であると認識しており、ガンディーの説得工作は失敗に終わった。[18]
ロンドンでの交渉に失望したガンディーは、一九〇九年一一月一三日に、ロンドンからケープタウンへ帰国の途に就いた。その帰国の船中で、わずか一〇日間で書き上げられたのが、非暴力主義を掲げる、彼の代表作『ヒンドゥ・スワラージ』であった。ここまでの記述から明らかなように、在留インド人移民の権利擁護で奮闘した南アフリカ時代のガンディーは、後の一九二〇代以降の、反植民地主義、反英闘争、インド独立運動の指導者として知られる彼のイメージとは異なる。イギリスの法制度と国制を熟知し、法廷弁護士として名声を確立していたガンディーは、イギリス本国の自由主義的価値観、伝統に基づく慣行と慣習に一定の敬意を払い、「帝国臣民」としてインド系住民の自己主張を展開する、比較的穏健なナショナリストであった。穏健な帝国への協力的な彼の姿勢は、第一次世界大戦中続いた。だが、本書第四章で触れるように、インドを巻きこんで展開された総力戦としての第一次大戦の試練と戦後のイギリスの「裏切り」は、ガンディーを反英闘争の指導者に押し上げることになる。

以上、一九‐二〇世紀転換期の南アフリカにおけるインド人移民労働者の権利を擁護するために闘ったガンディーの活躍を概観した。インド人移民は、「帝国臣民」であっても、不遇な立場に置かれていたのである。これは、南アフリカに限ったことではなかった。駒形丸でカナダに向かった乗客たちも同じような排斥を受けるのである。次章では、インド太平洋地域の南西端の南アフリカから、北東端のカナダ太平洋岸に目を転じてみることにしよう。

第二章

インド・中国・日本
——駒形丸の登場

バンクーバー湾の駒形丸(出所:Vancouver Public Library, no.130)

1　中国人・日本人移民の排斥

†カナダ自治領――「ドミニオン・オブ・カナダ」

本章では、「駒形丸事件」の舞台となるカナダに注目しよう。前章の最後でも述べたように、インド人移民は、「帝国臣民」であっても、不遇な立場に置かれていた。駒形丸に乗ってカナダにやってきたインド人移民も同様であった。では、彼らの上陸を拒んだカナダはどのような社会であったのだろうか。まずは、カナダの成り立ちを概観しておこう。

先住民が住んでいたカナダの地で、ヨーロッパ人による本格的な植民活動が始まるのは、フランスが植民地を建設した一七世紀初頭以降である。一七世紀後半から約一世紀におよぶ英仏戦争でイギリスが勝利し、カナダはイギリス領となった。アメリカ独立戦争では、南の一三植民地に加わらず、イギリス領にとどまった。その後、イギリス諸島からの移民が増えて開発が進み、一九世紀中葉には内政自治が認められた。

一八六七年、東部の三つの植民地がまとまり、四つの州（オンタリオ、ケベック、ノバスコシア、ニューブランズウィック）からなる「カナダ自治領（ドミニオン・オブ・カナダ）」が誕生した（連邦結成）。首都オタワのカナダ政府（連邦政府）がカナダ全体の案件を、州政府が州の案件を管轄する連邦体制がしかれたのである。当時、南北戦争によって英米関係が悪化しており、カナダは、隣国アメリカ合衆国の圧力を受けやすくなっていた。連邦結成は、植民地の統合によって政治・経済・防衛面で安定させるとともに、植民地を維持する負担を減らしたいイギリスの意向（自由貿易帝国主義）に沿うものであった。

このようにカナダは、世界の覇権を争った英仏戦争をはじめ、アメリカ独立戦争、南北戦争といった世界史上の重要な出来事の影響をじかに受けていた。「カナダはグローバルヒストリーの申し子」というのは言いすぎだろうか。

カナダ自治領は、内政自治権をもつ連邦体であって、完全な主権国家ではなかった。対外交渉権は、一九三一年のウェストミンスター憲章まで、イギリス政府（植民地省）に握られていた。また、憲法に相当する英領北アメリカ法はイギリス議会の法律であり、それがカナダに移管されたのは、一九八二年であった。

連邦結成から第一次世界大戦にかけて、カナダは、南アフリカ戦争への派兵や、独自の海軍創設など、イギリス帝国政策に貢献することで、徐々に自立をめざした。カナダに続いて自治領となったオーストラリア（一九〇一年）やニュージーランド（一九〇七年）なども同様である。植民地代表を集めた植民地会議は、一八八七年の初開催からイギリスが主宰していたが、一九〇七年、「帝国会議」と名称を改め、イギリスと自治領が帝国共通の問題を協議する場として四年ごとに開催することが決められた。帝国の結束を求めるイギリスと自立を強める自治領――両者の関係は、支配‐従属から対等へと少しずつ変化していた。「駒形丸事件」は、このようなイギリス帝国体制の変容の時期に起きたのである。

今日のカナダは一〇の州からなる多民族国家だが、連邦結成当時は、東部四州しかなく、住民の大多数は、イギリスやフランスなど西欧からの移民と先住民であった。この後、版図を拡大するにつれ、東欧・南欧やアジアから移民が到来した。

†中国人の到来

カナダでは、インド人はどのように扱われたのだろうか。まずは、中国人・日本人に対する扱いについて、アメリカ合衆国も視野に入れて見ておこう。彼らに対する差別的な眼差しが、後に到来するインド人にも向けられることになるからである。

最初の中国人がカナダに到来したのは、一八五八年である。同年、カナディアン・ロッキーのジャスパーに源を発しバンクーバーから太平洋にそそぐフレイザー川の流域で金鉱が発見されると、アメリカ合衆国サンフランシスコにいた中国人の一団がヴィクトリアに到着した。翌年には、香港から中国人移民が到来した。この後も移民がやってきたが、ゴールドラッシュは長くは続かず、定住する者は少なかった。

中国人移民が増加するのは、大陸横断鉄道であるカナダ太平洋鉄道《カナディアン・パシフィック・レイルウェー》の建設が本格化した一八八〇年代に入ってからである。彼らの多くが住んだのは太平洋岸のブリティッシュ・コロンビア州であったが、その数は、同州がカナダに加入する前年の一八七〇年には一五四八人（総人口の四・三％）であったのが、一八八一年には四三五〇人（八・八％）となり、一八九一年には八九一〇人（九・一％）に増えていた。

彼らは、白人住民（多くはイギリス系）には快く受けとめられなかった。そもそもブリティッシュ・コロンビアは、先住民の土地であったが、一八世紀に入ると、スペインとイギリスが領有をめぐって争い、最終的にはイギリスが領有権を握った。その後、一八四六年のオレゴン条約によって、それまで英米が共同統治をしていたオレゴン地方が北緯四九度

図2-1　蔑視される中国人移民『カナディアン・イラストレイティド・ニュース』1879年4月26日号（出所：Library and Archives Canada. MIKAN 2914880）

で分割されたのを受けて、バンクーバー島（探検家ジョージ・バンクーバーが命名）はイギリス領となり、バンクーバー島植民地が創設された。大陸側でも、ゴールドラッシュで白人住民が到来し、一八五八年、ブリティッシュ・コロンビア植民地が創設された。そして、一八六六年に、両植民地が合併した（名称は「ブリティッシュ・コロンビア植民地」）。イギリス植民地といっても、圧倒的多数の住民は先住民であった。イギリス系は、先住民よりもはるか後にやってきたとはいえ、支配者たる自覚を抱いており、先住民は従属させられた。

†「ホワイト・カナダ」を汚す「三悪」——賭博・アヘン吸煙・売春

イギリス系を中心とする白人住民の眼には、中国人移民は異質で非文明的と映っていた。独身男性か、家族を中国に残してやってきた単身の男性がほとんどであり、狭くて息苦しい居所で集団で暮らす彼らには、不道徳や不潔のレッテルが貼られた。

中国人街《チャイナタウン》は、賭博、アヘン吸煙、売春の「三悪」が巣食う忌まわしい場所とみなされた。白人住民は、壺にコインや豆などを入れて数字を賭ける番攤《ファンタン》やサイコロなどの賭け事に興じる中国人移民の姿を、堕落そのものだと批判した。

また、アヘンは、医療目的以外の輸入・製造・販売を禁止したアヘン法が制定される一九〇八年までは合法であったが、中国人街は、中国人と白人がアヘンを購入・吸煙する場所として危険視された。『バンクーバー・デイリー・プロビンス』紙は、「中国人が経営するアヘン窟では、われわれの若者がこの〔アヘン吸煙の〕習慣に染まっており、彼らに破滅の烙印が押され、不道徳の深い泥沼に落としめられている」と記していた（一九〇七年六月一七日）。アヘン取引は、中国人移民だけでなく、白人にも深刻な影響を及ぼすとみなされていたのである。

図2-2　アジア人移民排斥の風刺画　1907年8月（出所：Vancouver Public Library. no. 39046）

もう一つの悪が、売春であった。バンクーバーは、一九世紀末以降、大陸横断鉄道やクロンダイクでのゴールドラッシュによって発展していたが、それにともない、売春宿が増加した。広東街や上海街には、百軒を超す中国人経営の売春宿があり、中国人だけでなく白人の女性も雇われていた。

このように中国人移民は、白人を脅かし、文明的な白人社会を堕落させるものとみなされていた。白人のカナダ社会――「ホワイト・カナダ」――を汚す存在として。

†大陸横断鉄道建設と中国人移民

中国人移民の到来を阻止すべきという声は、太平洋沿岸地域で強かった。すでに一八六〇年の時点で、バンクーバー島植民地議会では、中国人移民の上陸許可にあたって人頭税を徴収せよとの要求が出されていたが、中国人移民が増加するにつれ、移民制限を求める声はますます高まった。一八七〇年代以降、ブリティッシュ・コロンビア州議会は、中国人移民への人頭税賦課などの移民制限や、在住中国人移民の投票・公職就任禁止など、さまざまな法案を可決した。

だが、中国人の移民を制限する法案については、州権を逸脱しているとして、州総督の裁可を得られなかった。英領北アメリカ法の第九五条では、移民問題は連邦と州の共同管轄事項であるが、州法が連邦法に抵触してはならないと規定されていた。当時のカナダ政府（連邦）は、特定の民族集団をターゲットにした移民制限措置は設けておらず、州総督による不裁可は理にかなっていた。だが、この行動には政治的配慮が働いていた。つまり、州総督は、純粋な法的根拠に照らして判断したというよりも、大陸横断鉄道建設に不可欠な労働力である中国人移民を制限したくない連邦側の意向を汲んだ結果、裁可しなかったのである。

当時のカナダ政府にとって、大陸横断鉄道の完成は、最重要課題であった。一八七一年にブリティッシュ・コロンビア植民地が州として連邦に加入する際、カナダ政府は、一〇年以内に大陸横断鉄道を完成させることを約束していたからである。大陸横断鉄道は、カナダの東西をつなぐだけではなかった。大西洋、太平洋それぞれの航路と結ぶことで、イギリス帝国領だけを通って世界を回れる「オール・レッド・ルート」の一環もなしていたのである。それだけに、早期の完成が望まれていた。

だが、鉄道建設は順調には進まなかった。一八七三年、「パシフィック・スキャンダル」と呼ばれる汚職事件が起こったため、ブレーキがかかった。ジョン・A・マクドナルド保守党政府が建設特許をめぐるヤミ献金を受けたことが発覚し、マクドナルドは失脚した。代わって政権についた自由党政府の時代は、世界的不況と重なったため、経済を立て直せぬままであった。一八七八年、マクドナルドは、保護関税によるカナダ経済の回復政策「ナショナル・ポリシー」を掲げて総選挙に勝利し、再び政権についた。鉄道建設は政策の根幹に位置づけられ、一八八〇年代に入って工事のピッチが上がった。そして、一八八五年一一月、カナダ太平洋鉄道は完成した。

†人頭税・移民排斥法

カナダ政府が中国人移民を受け入れたのは、大陸横断鉄道建設に必要な労働力だったたからであった。実際、鉄道完成のめどが立つと、中国人移民を制限する措置を講じた。

一八八五年七月、カナダに到来する中国人に対して人頭税五〇〇ドルを課すことが決められ、翌年から実施された。五〇〇ドルは、当時の中国人の年収の四分の一に相当した。その後、一九〇〇年に一〇〇ドル、一九〇三年には五〇〇ドルと税額が引き上げられた。約八万二〇〇〇人が人頭税を支払い、その総額は二三〇〇万ドルにのぼった。

図 2-3 人頭税支払い証明書（出所：Library and Archives Canada. MIKAN 161424）

そして一九二三年七月一日には、中国人移民排斥法が発効した。以後、一九四七年に排斥措置が解かれるまで、外交官、商人、留学生などを除く中国人の入国が禁止された。特定の移民集団を名指しして、入国を禁止した法律は、カナダ史上、これが最初で最後であった。

†日本人移民の到来

それでは、日本人移民はどうだったのだろうか。日本からのカナダ移民は、中国人よりもやや遅かった。日本人移民第一号とされるのは、長崎県口之津村（現在の南島原市）出身の永野萬蔵である。彼は一八七七年にカナダに到来し、サケ漁などに従事した後、食料品店や旅館を経営していたが、一九二三年に帰国した。

本格的な移民が始まるのは、一八八〇年代後半以降である。主たる上陸先はバンクーバーであった。当時のバンクーバーは、アジア太平洋地域とカナダ東部地域の結節点として発展し始めたばかりの「ブーム・タウン」であった（市制施行は一八八六年）。ヴィクトリアのあるバンクーバー島など周辺各地に向うフェリーが往来する港町だったのが、一八八七年には、カナダ太平洋鉄道がバンクーバーまで延伸（それまではポート・ムーディが終点であった）されたのに加えて、横浜との定期航路も開設され、サンフランシスコと並ぶアジア太平洋の玄関口として栄えるようになった。一八八九年には日本領事館が開設された。

すでに述べたように、中国人移民に対しては排斥運動が強く、移民制限が加えられていた。日本からの移民が求められたのは、中国人移民に代わる安価な労働力としてであった。当初は歓迎されたものの、次第に彼らも排斥の対象となった。一九〇二年に出された『中国人および日本人移民に関する王立委員会報告書』では、日本人移民は、カナダ社会の生活習慣を身につけており、稼いだ金をカナダで使うなど、中国人移民とくらべれば望ましいが、独立心が強いため、中国人移民よりも危険だと描かれていた。安い賃金で勤勉に働く日本人移民は、白人労働者の仕事を奪いかねない存在であった。

ブリティッシュ・コロンビア州では、一八七二年に中国人移民への選挙権付与を禁止していたが(先住民も対象となった)、一八九五年には、日本人移民に対しても同様の措置がとられた。このほか、同州の議会は、移民に言語テストを課す「ナタール法」を四度可決したが、いずれも、連邦の意向を汲んだ州総督が裁可しなかった。これには、日本と同盟関係(日英同盟)にある宗主国イギリスへの配慮があった。カナダもまた一九〇六年に日英通商航海条約に加盟しており、日本との友好関係を損ないかねない法案の可決を避けようとしていた。

†バンクーバー暴動

一九〇七年九月七日夜、中国人街と日本人街が、白人たちに襲撃される事件が起こった。その日、バンクーバーの市公会堂では、アジア人排斥同盟バンクーバー支部の呼びかけで集会が開かれ、多数の白人が参加した。同支部は、一九〇七年八月に創設されたカナダ初のアジア人排斥組織であった。集会では、アジアからの移民を制限する法案の可決をブリティッシュ・コロンビア州、連邦両政府に求める決議が採択された。その後、参加者の一部が、中国人街へとデモ行進を始めた。そのうちの一人が投石したのをきっかけに暴徒と化し、中国人街とそれに隣接した日本人街を襲った。

暴動後、カナダ政府は、労働次官ウィリアム・ライアン・マッケンジー・キングを現地に派遣し損害調査にあたらせ、九一七五ドルの賠償金を支払った。翌年には、労働大臣ロドルフ・ルミューを特使として日本に送った。日英同盟を損ないたくないイギリス、日本との通商関係を維持しつつも、具体的な人数枠を設けて日本人移民を制限したいカナダ、英加との関係に配慮するものの、カナダによる移民排斥は受け入れがたいとする日本、という三者の思惑がからむなか交渉が行なわれた結果、ルミュー協定が結ばれ、日本からの移民数を年間四〇〇人とすることが決められた。日本人移民は、初めて数量的に制限された。

図 2-4　バンクーバー暴動直後の日本人街（出所：Library and Archives Canada. MIKAN 3363536）

年間四〇〇人の枠には、すでにカナダに居住している者の家族は含まれていなかった。そのため、「写真花嫁」と呼ばれる女性移民が急増した。日本人移民の多くは独身男性であり、日本にいる女性を妻として呼び寄せたのである。ほとんどの女性は、渡航前に会うこともなく、写真を見せられただけで結婚し、海を渡った。「写真花嫁」を乗せた船の到着を待つ日本人男性たち、続々と船から降りてくる「写真花嫁」たち——港でのこのような光景は、白人住民の眼には異様に映った。「写真花嫁」の増加は、日本人移民の定住指向を促すことになり、白人側の排斥熱はさらに激化した。そしてそれは、第二次世界大戦期にピークに達した。強制移動・収容措置がとられた結果、日本人移民社会は、壊滅的な打撃をこうむることになる。

†グローバルなカラーライン(人種差別境界線)

バンクーバー暴動まで時計の針をもどそう。この暴動は、日本からのカナダ移民を数量的に制限するきっかけとなったという意味で、日系カナダ移民史におけるきわめて重要な出来事であった。だが、もっと広い文脈からとらえることができる。

暴動の背景には、カナダへの日本人移民の急増があった。一九〇四年七月から翌年六月までの一年間の移民数は三五四人だったのが、一九〇六年には二二三三人に増加していた。一九〇七年に入るとさらに増え、暴動翌月の一〇月までに八三五六人が到来した。この急増には、アメリカ合衆国の移民政策の影響があった。同国でも太平洋沿岸地域では日本人移民排斥運動が激しく、これに配慮したアメリカ政府は、一九〇七年二月、ハワイからアメリカ本土への渡航を禁止した。この措置が、ハワイにいた日本人移民のカナダへの転航を促した。特に七月には、一一八九人の転航者を乗せたクーメリック号がバンクーバー港に到着し、白人住民の排斥熱をあおった。

中国人移民については、すでに述べたように、カナダでは人頭税による制限が行なわれていた。これに対してアメリカ合衆国では、一八八二年五月、中国人移民労働者の一〇年間の流入などを禁じた法律(「排華移民法」)を制定し、一九〇四年四月には排華移民法の無期限延長を決定した。これは、アメリカ合衆国史家の貴堂嘉之が指摘するように、中国人が彼らの移民ネットワークを広げる「自由を完全に奪う立法措置」であった。そして、中国人移民に対する制限が進むにつれ、排斥対象は日本人移民に移っていった。

このようにカナダとアメリカ合衆国は、時期には多少のずれがあるものの、アジアからの移民に対して似かよった排斥措置を講じていたのである。しかも、排斥運動では、カナダ、アメリカ合衆国のみならず、オーストラレーシア(オーストラリア、ニュージーランド)のアジア人排斥組織の指導者が連携しあう側面もみられた。また、彼らの攻撃対象のアジア移民には、中国、日本、あるいは韓国からの移民に加えて、インド人移民も含まれていた。

実際、バンクーバー暴動直前の集会には、外国からもアジア人排斥組織の代表たちが参加していた。その多くはアメリカ合衆国ワシントン州からで、シアトル日韓人排斥同盟事務局長A・E・フォーラーやアメリカ労働総同盟シアトル支部長W・A・ヤングらがいた。また、ニュージーランドからは、労働組織指導者J・E・ウィルソンが、イギリス帝国領でのアジア人排斥運動の様子を雄弁に語り、聴衆の喝采をあびた。

ワシントン州からの参加者が多かったのには、同じ頃に同地でもアジア人排斥暴動が起きていたからである。バンクーバー暴動の三日前、同州ベリンガムでは、白人の暴徒がインド人移民を襲撃し、彼らを同地から追放した。ベリンガム暴動の直接の原因は、同年夏に六〇〇〇人のインド人移民が到来したことにあったが、それ以前から同州を含む太平洋沿岸地域では、白人住民が日本や韓国からの移民に対して不満をつのらせていたことが背景にあった。

排斥運動の中心は、サンフランシスコであった。一九〇五年、日韓人排斥同盟がつくられ、翌年、日本人・韓国人学童を、中国人と同じく、白人子弟の学校から締め出す条例が出された。これに対して、対日関係に配慮するアメリカ政府は撤回を求めたが、一九〇七年三月、あらためて条例が公布された。以後も、日本人街が襲撃される事件が起こった。

サンフランシスコの排斥運動は、ワシントン州にも波及した。中心的役割を担っていたのが、フォーラーだった。彼は、一九〇六年に雑誌『イエロー・ペリル（黄禍）』を創刊したほか、シアトルに日韓人排斥同盟を創設した。アジア移民排斥論は高揚し、それが、ベリンガム暴動の引き金となった。

フォーラーは、暴動後のベリンガムを視察するとただちに、同志のヤングらとともにバンクーバーに向かい、九月七日夜に開かれた集会に出席した。そこでベリンガムでの暴動の詳細を伝えるとともに、追放されたインド人移民が今度はバンクーバーにやって来るだろうと述べ、アジア人排斥で加米が共同歩調をとる必要性を訴えた。ここにみるように、インド人移民の到来も、アジア人移民排斥運動を激化させていたのである。実際、この五日後に九〇一名のインド人を乗せた汽船モントイーグルがバンクーバーに入港し、排斥熱は高まった。これを受けてカナダ政府はインド人移民をも制限する方策を練り始めるのだが、これについては次節で述べよう。

バンクーバーの集会は、アジア人排斥同盟バンクーバー支部主催であったが、フォーラーやウィルソンなど外国からの排斥論者が参加し、演説を行なった。ここには、中国、日本、韓国、インドからの移民の到来を白人社会への脅威とみなし、カナダ、アメリカ合衆国、オーストラレーシアが協力してアジア人排斥を行なう姿勢がみとめられる。

北米西海岸からオーストラレーシアは、アジアからの移民が多い地域、つまり、白人からみれば、アジア人移民の脅威にさらされた地域であった。その脅威を防ぐには、太平洋に面しているこれらの地域が手を結ぶ必要があった。アジア人移民排斥運動は、個々の地域で独自に展開したというよりも、北米西海岸からオーストラレーシアまで、地域を越えて影響を及ぼしあっていたのである。

アジア世界と欧米世界が接するインド太平洋。その東側から南側にかけての外延部である北米西海岸からオーストラレーシアまでの地域は、アジア人移民と白人住民が対峙する場であった。マリリン・レイクとヘンリー・レイノルズの二人の歴史家は、前章の最後でも扱った南アフリカを加え、北米、オーストラレーシア、南アフリカにかけて、「グローバルなカラーライン（人種差別境界線）」が引かれていたと指摘している。それはいいかえれば、「黄禍」に対する白人側の防衛線であった。アジアからの移民は、このカラーラインを越えようとし、種々の摩擦を生んだのである。

白人からみれば、このカラーラインは、《優‐劣》ないしは《文明‐野蛮》の境界であったが、後にこれがアジア世界の反発を招くことになることに留意すべきであろう。白人側が一方的に引いたこのカラーラインに反発し、アジアの優位を示すべく、アジア・ナショナリズムを高揚させていくことになるのである。

2　インド人移民排斥――「連続航路規定」

†中国人移民の代替として

それでは、インドからの移民はどうだったのだろうか。

一般には、インドからカナダへの移民が始まったのは、一八九七年とされている。ヴィクトリア女王在位六〇年祝典「ダイアモンド・ジュビリー」に参列したインド人部隊のうち、香港・マレー半島駐留の兵士が、西回りで帰る途中にトロントなどを訪れ、その一部の者がカナダに留まったというのである。たしかに同年八月の新聞には、トロントでの祝典パレードに彼らの一行が参加した旨、記されているが、彼らのなかからカナダに住み着く者が出たのかどうかについては不明である。

なぜ、一八九七年到来説が広まったのだろうか。これについて歴史家ヒュー・ジョンストンは、カナダ太平洋鉄道会社がカナダ政府に対して行なった虚偽の説明が、その後繰り返し使われるようになったためとみている。同社は、大陸横断鉄道だけでなく、アジア太平洋航路事業にも手を伸ばしており（カナダ太平洋汽船）、中国や日本からの移民を運んでいた。前節で述べたように、中国からの移民に人頭税が課せられるようになると、その穴埋めとしてインドからの移民を運ぶようになったのである。その第一陣が、一九〇四年三月に同社所有のエンプレス・オブ・インディアに乗って到来したシク教徒五人であり、彼らは香港にいる同社代理人に斡旋されてバンクーバーの地を踏んだのだった。カナダ政府はインドからの移民受け入れにも否定的であり、カナダ太平洋鉄道会社に説明を求めたところ、同社は、すでに一八九七年に鉄道でカナダを横断したインド人部隊の一部が住み着いていると回答した。同社の回答は政府の文書に掲載され、それが修正を加えられることなく、引用されるようになったのである。

もっとも、ジョンストンは、この五人が「最初のインド人移民」だとは断定していない。カナダに初めてやってきたインド人移民が誰なのかを探すよりも重要なのは、インド人移民が、中国人移民の代替として到来したことである。それまで中国人が乗ってきた三等客室を埋めたのがインド人移民だったのである。

なお、シク教とは、一五世紀末にヒンドゥー教から派生し、パンジャーブ地方を中心に広がった宗教である。シク教徒は、商業に従事し、海外でも活動のネットワークを築いていた。「尚武の民」でもあり、イギリス帝国にとって枢要な戦力であったが、やがて反英運動の担い手となっていった。

†増えるインド人移民と高まる排斥熱

先の五人に続いて、二カ月後の一九〇四年五月には、同社のエンプレス・オブ・ジャパンが、一〇人のインド人を乗せてきた。その後も少しずつ、インド人移民は増加した。

インド人移民は、製材所やセメント工場で働いたり、道路建設、森林伐採、果樹栽培に従事したりして収入を得、数カ月後には祖国に送金できるようになった。彼らが郷里に送った手紙でカナダでの働き口の情報が伝えられると、同郷の親類や知人も続々と海を渡った。一九〇六年には、カナダ太平洋鉄道会社の船が数百人単位で運ぶまでになった。インド人移民の拡大にあわせて、同社は、それまで大西洋航路で使っていた汽船モントイーグルをアジア太平洋航路に投入するようになった。

インドからの移民は、同社にとってばかりか、安価な労働力を必要としていた雇用主からも歓迎された。だが、彼らが大挙してカナダ西海岸に上陸し始めると、排斥熱が一気に高まった。シク教徒のターバンを巻いた姿、褐色の肌、異質な言葉などが、多くの白人にとって異様かつ脅威に映ったのである。白人労働者たちは、仕事が奪われることを警戒し、新聞各紙は、インドを貧困で不潔な遅れた社会として描き、そうした社会からやってくるインド人が白人社会を汚すことになると書きたて、白人住民の不安をあおった。

政治家は、これに同調し、インド人に対する監視を強めたり、追放措置を講じたりした。たとえば、バンクーバー市長は、一九〇六年秋、同市にある連邦政府の移民局周辺に警官を配置した。また一一月には、市内に住むインド人を、市域外にある使われなくなった缶詰工場に住まわせようとしたが、市による手当支給はなかった。その後ストーブがあてがわれ、電灯もつけられたが、水道設備はなかった。

インド人に対する風当たりは強かったが、彼らは堪え忍び、働き口をみつけていた。一九〇六年後半におよそ二〇〇〇人のインド人がカナダにやってきたが、このうち、シアトルとサンフランシスコに向かった約三〇〇人を除けば、同年末の時点でブリティッシュ・コロンビア州内で仕事に就けなかったのは、五〇〜六〇人ほどであった。当局にとって、この数は予想以上に少なかった。カナダの移民法では、貧困者や浮浪者となって公的扶助を受ける者は国外退去の対象となると規定していたが、この適用は難しく、インド人移民を追い返すことはできなかった。これに加えて、インド人移民を排斥できないのには、大きな理由があった。それは、彼らが「帝国臣民」だったからである。

†インド人は「帝国臣民」

中国人や日本人に対して排斥運動があったところに、インド人が到来したことで、アジア人排斥熱はさらに高まった。彼らにも貧困、不潔、非文明といったレッテルが貼られ、白人社会を汚す忌まわしい存在として蔑視された。と同時に、白人労働者からは、仕事を奪いかねない脅威とみなされた。

このように、中国人、日本人、インド人の三者には、カナダ社会での受けとめ方に共通点があった。だが、法的な措置では違いもあった。中国人移民には、人頭税が課せられていた。他方、日本人移民には、中国人移民に対するほどはきびしい措置をとられることはなかった。日英同盟や日英通商航海条約への配慮が働いていたからである。

これに対しインド人移民は、帝国臣民であるために、日本人移民以上に配慮しなければならなかった。インドであれ、カナダであれ、イギリス帝国領に暮らす人々は、外国人を別にすれば、帝国臣民であった。[1] ちなみに、外国人の場合、当時のカナダの帰化法では、三年（場合によっては五年）間カナダに居住し、忠誠宣誓を行なった者は、帝国臣民になることができた。

もっとも、カナダとインドとでは、同じイギリス帝国領といっても違いがあった。カナダは、内政自治権を有する連邦体（自治領）であったのに対し、インドは、インド大反乱後の一八五八年にイギリスが直接支配する植民地（一八七七年からは女王が君臨するインド帝国）となっていた。だが、一八五八年の女王布告では、インド人が、他の帝国臣民と対等な地位におかれることが明記されていた。つまり、インド人には、カナダなど、イギリス帝国の他の地域に住む人々と同じ権利が与えられていたのである。インド人からすれば、自分たちには帝国内を自由に行き来できる「特権」があり、カナダに移民することは何ら問題がないと考えていたのである。後に述べるように、こうした考えは、駒形丸でカナダ移民を敢行したインド人たちも抱いており、これが「駒形丸事件」での大きな争点となる。

†一九〇七年晩夏——日本人・インド人の移民制限へ

インドからの移民は一九〇六年に入って急増し始めるが、少なくとも同年九月の時点では、カナダ政府は、彼らを排斥することはできないとの姿勢をとっていた。フランス系カナダ人初の首相であるウィルフリッド・ローリエ（一八九六年七月～一九一一年一〇月在任）は、いかなる人種であれ、帝国臣民の入国は拒否できないと言明していた。だが、その後、アジアからの移民が増大し、移民排斥運動が激化すると、カナダ政府の態度は大きく転換した。

転機は、一九〇七年晩夏に訪れた。バンクーバー暴動が勃発し、さらに五日後の九月一二日には、九〇一人のインド人を乗せた汽船モントイーグルがバンクーバーに到着した。こうした事態を受け、カナダ政府は、中国、日本、インドからの移民を制限する方策を練り始めた。といっても、三者に同じ措置を講ずることはできなかった。中国人に対しては、人頭税の引き上げが行なわれており、移民がかなり減少していた。日本人に対しては、これまで対日関係への配慮から移民制限策を講じてこなかったが、バンクーバー暴動を直接の契機として、ルミュー協定が結ばれ、数量的な移民制限が行なわれることになった。なお、同じ頃、日米間でも移民に関する協定が結ばれている。さらにカナダ政府は、帝国臣民であるインド人に対しても、「連続航路規定」を設けることで移民制限が講じるようになった。この点については後述する。

このように、これまで規制がなかった日本人とインド人に対しても制限が設けられることになったのである。日本では、バンクーバー暴動からルミュー協定へと、日本人移民にもっぱら焦点が当てられてきたが、同時期にインド人移民の排斥が行なわれていたことを理解すべきである。バンクーバー暴動が起きた一九〇七年は、アジア移民史全般にとって転機だったのである。

†白いカナダよ永遠に

中国人、日本人に続く、インド人の到来は、白人住民の憎悪をかきたてた。当時、彼らの間には、次のような流行歌がはやっていた。

西部の声よ、世界にとどけ
われらが祖先の得た権利
正義と力で死守するぞ
敵のやつらが逃げるまで
すべて白人皆兄弟
黄色いやつらはずる賢い
やつらは見栄はり、弱きをくじく
ほかのところへ行きやがれ

それ、皆一緒に立ち上がろう
祖先の力をみせてやれ
われらが土地を勝ちとった
白人の地のため闘おう
東洋人の支配と欲望に
明け渡してはなるものか

「国王万歳《ゴッド・セーブ・ザ・キング》」が合言葉
白いカナダよ永遠に《ホワイト・カナダ・フォーエバー》！

カナダの大地には先住民が最初に住み着いていたのにもかかわらず、白人にとって、カナダは「われらが土地」であり、「われらが祖先の得た権利」を享受する場所だったのである。これは、駒形丸がバンクーバーに停泊しているときにも白人によって歌われていた。

では、カナダは、「異質な」帝国臣民であるインド人をどのように排除しようとしたのだろうか。

†「連続航路規定」

帝国臣民であるインド人移民に対して、カナダ政府は大っぴらに門扉を閉ざすことはできなかった。そこで考え出されたのが、「連続航路規定」という遠回しな形で入国を制限することだった。

一九〇八年一月八日、次のような枢密院令が出された。

カナダへの入国を希望するすべての移民は、出生した国、あるいは国籍または市民権

のある国から、連続航路(continuous journey)を通り、通し切符(through ticket)で
カナダに到来しなければならない。

「連続航路」とは、ひと続きの航路を意味しており、必ずしも直行便でなくてもよかった。しかし、ひと続きの航路を乗り継ぐとしても、出発地(出生国か、国籍または市民権のある国)から到着地のカナダまでの全行程の「通し切符」を所持していなければならなかった。「連続航路」と「通し切符」はワンセットの規定であり、これを本書では、一括りにして「連続航路規定」と呼んでおく。

枢密院とは、カナダ総督によって任命される、首相やその他の閣僚からなる最高諮問機関のことであり、それが承認し、総督が署名したものが、枢密院令である。枢密院令は、議会の承認を必要としないため、ときの政府の意向を反映していた。なお、カナダの君主はイギリス国王であり、その代理としてカナダにおかれたのが総督である。カナダ人が就任する一九五二年まで、イギリスの貴族や王族が総督に就いており、当時は、ヴィクトリア女王の三男アーサー王子(コノート公)であった。なお、州総督は、「州における総督代理」であり、首相の推薦に基づきカナダ総督によって任命された。

一月八日の枢密院令に戻ろう。ここで留意しなければならないのは、当初それが、ハワ

イからカナダに転航してくる日本人移民の阻止をねらったものであったことである。一九〇七年、アメリカ合衆国がハワイからアメリカ本土への転航を禁じたために、カナダに向かう者が増加していたのである。だが、カナダ政府は、それをインド人移民にも適用しようとした。

先にも述べたように、「連続航路」とは直行便での渡航を意味していなかったのだが、インドからカナダへ――いちばん現実的なのは、コルカタからバンクーバーへのルートであった――の直行便が事実上なかった[2]ために、「連続航路」の条件が付けられたことによって、カナダの門扉が閉ざされたと解するインド人が多かった。しかも、中国人移民には人頭税、日本人移民にはルミュー協定という移民制限策がある以上、この枢密院令は、明らかにインド人の移民阻止を狙ったものとみなされたのである。

†準備不足での運用――汽船モントイーグル訴訟

カナダは、「連続航路」と「通し切符」の規定をインド人移民に適用することをめざして、イギリス政府やインド政庁と協議した。「カナダが白人の国であり続けるのは経済・社会的に望ましいばかりか、政治的にも必要である。……熱帯の気候条件に慣れ、生活様式や慣習を異にし、適応が難しいインド生まれの者はカナダには不向きであり、……そのような方策で移民を止めるのはインド人自身にとっても望ましい」(カナダ下院『会期別文書、一九〇八年』、傍点は引用者)とカナダ側は理解を求めた。

これに対してイギリスもインドも、インドを脱出する移民が増えれば反英運動が海外に広がることから、ある程度の移民制限は必要だとして、カナダ側に一定の理解を示した。だが、その一方で、この規定が、イギリス帝国内を移動できる自由を奪うことになりかねず、そうなれば、インドでの反英運動を刺激することになりかねないとして、慎重な対応を求めた。カナダは協議を急いだが、結局、合意には達せず、カナダ側の責任で移民制限策を講じることになった。

カナダが「連続航路規定」のインド人移民への適用を急いだのには、理由があった。一九〇八年二月末、一八三人のインド人を乗せた汽船モントイーグルがバンクーバーに到着したからである。しかし、カナダ政府の思惑通りには進まなかった。「連続航路規定」がインド人移民に適用されることは、乗組員・乗客にはまったく知らされていなかった。カナダ太平洋鉄道会社は、この規定によって入国を拒否された乗客のインドへの送還を求められたが、逆に同社は、カナダ政府を相手取り訴訟を起こした。同年三月、枢密院令が移民法に抵触しているとの判決が下り、政府側が敗訴した。移民法では、移民監督の権限がカナダ総督に委ねられていたのに対し、枢密院令では内務相に与えられているというのが判決理由であり、「連続航路規定」の内容そのものが問われたわけではなかった。

「連続航路規定」をインド人移民に適用することは、モントイーグルの乗組員・乗客、カナダ太平洋鉄道会社だけではなく、現場の移民官にとっても寝耳に水だった。入国審査にあたっていた移民官A・S・モンローは、「連続航路規定」は従来通り日本人移民に対してのみ適用されるものと判断し、インド人移民の入国を認めようとしていた。その最後の時点で、カナダ政府からインド人移民にも適用せよとの通達が届いたのである。また、労働次官ウィリアム・ライアン・マッケンジー・キングは、インド人移民問題についてイギリス政府と協議するためロンドンにいたが、そこで「連続航路規定」がインド人移民に適用されたことを聞かされ、驚愕したのだった。

このの ちキングは、一九〇八年一二月、上海での国際アヘン調査委員会（開催は一九〇九年二月）に出席するため、カナダを再び発った。翌年五月までの外遊中に、イギリス、インド、中国、日本を訪問したが、インド総督ミントとの会談では、「連続航路規定」を歓迎する旨、回答を得た。なお、キングは、バンクーバー暴動後バンクーバーに派遣され、日本人街・中国人街の損害を調査した人物であり、のちに首相となり、カナダ史上最長の二一年半にわたって政権を担うことになる。

カナダの「連続航路規定」に対して、イギリスもインドも、当初は慎重な対応を求めていたが、異を唱えることはなかった。他方、カナダは、一九一三年八月、インド側でもインド人の移出を制限する策を講じるよう、植民地相を介して要請した。この後もカナダは要請を続けたが、インドはそれに応じなかった。

†「連続航路規定」の改訂と所持金規定

「連続航路規定」が移民法に抵触するとの判決を受け、カナダ政府は、一九〇八年五月、移民法を改正し、移民管理を内務相の権限とした。そのうえで枢密院令を二つ発布した。

一つ目は、「連続航路規定」の改訂であり、同年五月二七日に出された。

今後、出生した国、あるいは市民である国から連続航路を通り、かつ、その国で購入、あるいはカナダで購入ないしは前払いした通し切符でカナダに到来しないかぎり、いかなる移民のカナダへの上陸も禁止する。

続いて六月三日に発布された枢密院令では、所持金の規定が示された。

アジア系出自（Asiatic origin）の移民は、二〇〇ドルの現金を所持していなければ、カナダへの入国は認められない。ただし、特別な法律規定があるか、あるいはカナダ政府が特別な条約、協定、協約を結んでいるアジアの国で出生した者、あるいはその国の臣民である場合は、例外とする。

後半の部分から察せられるように、中国と日本については別の法律・協約が定められているため、この所持金規定は、明らかにインド人移民をターゲットにしていた。

かくして、「連続航路」と「通し切符」に加えて、現金二〇〇ドルの所持が条件となったことから、インドからカナダへの移民はさらにきびしくなった。コルカタからバンクーバーへは、香港で乗り継ぐことで渡航できたとしても、インド人移民のほとんどは、カナダ到着時に三〇ドル程度しか持っておらず、所持金二〇〇ドルは相当なハードルであった。しかも、カナダ政府は、カナダ太平洋鉄道会社などアジア太平洋航路を運営する船会社に対して、インド＝カナダ間の「通し切符」を発行しないよう圧力をかけていた。

同じ頃、カナダ政府は、カナダに居住するインド人移民の排除ももくろんでいた。彼らを年季奉公人として英領ホンジュラスに再定住させることを画策していたのである。カルサ・ディワン協会（一九〇七年にバンクーバーに設立されたシク教徒の組織）に対して、ホンジュラスはカナダよりも気候がインド人に適しており、成功を収める可能性が高いとして、渡航費をカナダ政府が負担することを条件に持ちかけた。これは拒否されたが、カナダ政府が、あの手この手でインド人移民を排斥しようとしていたことがうかがえる。

さて、先の二つの枢密院令（一九〇八年五月二七日の「連続航路規定」と、同年六月三日の所持金規定）は、いずれも一九一〇年五月九日に再発布された。これは、同年に移民法が「一九一〇年移民法」として整備されたのにともなう措置であり、修正はなかった。

†ぱなま丸訴訟

カナダ政府は、「連続航路規定」と所持金規定を盛りこんだ枢密院令によって、インド人移民の入国に制限をかけようとしていたが、再び、枢密院令が法律違反との判決が下される事態が起きた。

一九一三年一〇月、大阪商船会社のぱなま丸がヴィクトリアに到着したが、乗客の中に五六名のインド人がいた。彼らは、ジャーディン・マセソン商会の船でコルカタから香港まで来た後、ぱなま丸に乗り換え、ヴィクトリアにやってきた。インド人は皆、カナダでの居住経験があるとして「再入国」を申告したが、コルカタや香港で入手したと思われる書類しか持たぬ者がおり、一七名を除き入国許可が下りなかった。ちなみに、ぱなま丸は、辛亥革命によって清朝を打倒し中華民国を樹立した孫文と関係がある。一九一三年八月、袁世凱による弾圧を逃れる孫文を、香港から上海までひそかに運んだのが、ぱなま丸だった。

「連続航路」の旅程であることを示す確たる証拠もなかったことから、三九人は、ヴィクトリアにある移民収容所に収監された。カナダに居住するインド人たちは、法廷闘争も辞さないとして、訴訟費用を用立てるとともに、弁護人を探した。弁護を引き受けたのは、J・エドワード・バード（一八六八―一九四八）であった。彼は、「駒形丸事件」でもインド人側の弁護人を務めることになる人物である。オンタリオ州バリー（トロントの北約五〇キロ）のアイルランド系プロテスタントの家庭に生まれたバードは、バンクーバーに来て、商取引関係の弁護士業を営んでいたが、マルクス主義的な社会主義に傾倒していた。社会主義を通して、フサイン・ラヒーム（Husain Rahim）のようなインド人と接触するようになり、

図2-5　ぱなま丸で香港を脱出した孫文（前列中央）、1913年8月（出所：『大阪商船株式会社80年史』1966年、37頁）

インド人移民から信頼を受けていた。

バードは、ブリティッシュ・コロンビア州最高裁判所[3]に三九人の釈放を求めた。だが、応対した判事デニス・マーフィは、一九一〇年移民法第二三条に照らして、裁判所には移民官の判断に干渉する権限がないとして、審理を拒んだ。バードはただちに首席判事に訴え出た。首席判事ゴードン・ハンターは、これをテストケースとして審理することに応じた。テストケースとは、判例が先例となる訴訟（試訴）である。つまり、今後のインド人移民問題を大きく左右する訴訟として審理されることになったのである。

図 2-6 フサイン・ラヒーム（右から3人目）とインド人移民たち。後ろの鉄格子ごしに、ぱなま丸事件の収監者たち。1913年11月、ヴィクトリア（出所：Simon Fraser University Library. BOX6_347）

一九一三年一一月二四日、三八人（一人は移民収容所から逃亡）が出廷し、判決が下された。首席判事ハンターは、枢密院令は法律違反であると言い渡した。この判決にインド人たちは歓喜した。実際、この判決に勇気づけられて、グルディット・シンは駒形丸でのカナダ渡航を敢行するのである。

だが、勝訴したとはいえ、その判決理由は期待はずれであった。というのも、ハンターは、枢密院令と移民法の条文の文言に異同があることを理由に法律違反としたのであって、訴訟内容に踏みこんではいなかったからである。

弁護人のバードは、インドからカナダまで全行程の「通し切符」をインド人が買えないことがわかっているにもかかわらず、カナダ政府が「連続航路規定」を設けたのは、インド人移民を排斥するための姑息な手段であり、公正さを欠く措置の是正を訴えていた。だが、ハンターは、核心にはいっさい触れなかった。枢密院令には「アジア系出自(Asiatic origin)」と書かれているのに対して、移民法では「アジア人種(Asiatic race)」となっているなど、枢密院令と移民法が対応していない。本来、移民法では裁判所は移民官の判断に干渉できないが、枢密院令が移民法に合致していないために、裁判所は本件に干渉できる――これがハンターの判決理由だった。そして、疾病で送還対象となった四人を除く全員の釈放を命じたのである。なお、この四人は、判決後、移民収容所から逃亡した。

†あらためての枢密院令

ぱなま丸訴訟の判決は、カナダ政府にとっては衝撃だった。早急な対応を余儀なくされた政府は、判決から二週間後の一二月八日、次のような枢密院令を発した。法律違反となった枢密院令の改訂には時間を要することから、一時しのぎの措置をとったのである。

今後、一九一四年三月三一日までの間、次の職種の移民――職人、および労働者（熟練または非熟練）――のブリティッシュ・コロンビア州の下記の港での上陸を禁止する。

この条文に続いて、バンクーバー、ヴィクトリア、ナナイモ、スティブストンなど、ブリティッシュ・コロンビア州にある四三カ所の港が列挙されていた。同州の港に上陸する移民は、ほとんどすべてがアジア系移民であった。しかも、中国人と日本人のカナダへの移民については別個の規定があるため、この枢密院令は、事実上、インド人の職人と労働者の入国を禁止したものであった。

なお、これは一九一四年三月三一日までの時限措置であったが、同日、更新された。駒形丸が香港を発つ四日前のことである。グルディット・シンたちに知らされたのは、上海に到着した後であった。

一九一四年当初まで話を戻そう。同年一月七日、カナダ政府は、ぱなま丸訴訟で法律違反とされた二つの枢密院令を改訂し、再発布した。

今後、出生か帰化によって市民となっている国から連続航路を通り、かつ、その国で購入、あるいはカナダで購入した通し切符でカナダに到来しないかぎり、いかなる移民のカナダへの上陸も禁止する。

今後、アジア人種(Asiatic race)の移民は、最低二〇〇ドルの現金を所持していなければ、カナダへの上陸は認められない。ただし、特別な法律規定があるか、カナダ政府を拘束する——それらの条約、協定、協約の条項にこの規則が矛盾する——特別な条約協約があるアジアの国で出生した者、あるいはその国の臣民には適用されない。

このように、カナダ政府は、「連続航路」と「通し切符」からなる「連続航路規定」、二〇〇ドルの所持金規定を再提示するとともに、労働移民の禁止規定を加えることで、インドからの移民を阻止しようとしたのである。いずれの規定も「インド人」を明記していないのは、帝国臣民である彼らを名指しで排斥できないからであった。

インド人にとっては、カナダ政府の行動は納得できなかった。イギリス帝国領であるカナダが、帝国臣民の移動の自由を制約できるのだろうか。枢密院令はどこまで妥当性があるのだろうか。法廷で争えば、ぱなま丸訴訟のように、勝てるかもしれないという希望もあった。怒り、苛立ち、不安、希望……さまざまな思いが入り混じるなか、一九一四年四月四日、駒形丸はバンクーバーに向けて香港を出港した。

†バンクーバー――インド人の反植民地主義のグローバル・ネットワークの結節点

ところで、駒形丸がめざすバンクーバーには、どのようなインド人移民がやってきたのだろうか。これまで移民労働者を中心に述べてきたが、無視できないのは、反英・反植民地主義の活動家たちの存在である。インドを支配するイギリス、そのイギリスと協力して穏健な改革路線をとるインド国民会議に不満をいだく活動家や彼らを支援する商人たちが、一九〇六年あたりから、ヨーロッパや日本を経由してカナダやアメリカ合衆国に到来していたのである。

当初、彼らの拠点は東部側のニューヨークにあったが、次第に太平洋沿岸地域に移っていた。しかも、ニューヨークでの反英・反植民地主義運動が、少数の活動家によって担われていたのに対して、太平洋沿岸地域では、多数のインド人移民労働者を巻きこんだ大規模な運動に変化していた。移民労働者たちは、これまで述べてきたようなさまざまな排斥を受けており、活動家が説く革命や反植民地主義に共鳴していったのである。このようななかで、一九一三年五月にオレゴン州アストリアで決起集会が開かれ、バンクーバーのカルサ・ディワン協会、アメリカ合衆国インド協会（Hindustan Association of the United States）、オレゴンの太平洋岸インド人協会（Pacific Coast Hindi Association）の支持を得て、一一月にカリフォルニア州サンフランシスコにガダル党が誕生した。

この後、ガダル党は、武力によるインド独立を推進する革命組織として、海外に住むインド人の知識人や学生、移民労働者の支持を集め、北米のみならず、アジアの各地に支部を設立した。機関紙『ガダル』は、日本などでも配られたが、「ガダル」は、パンジャーブ語やウルドゥー語で「革命」「反抗」を意味した。

バンクーバーやその周辺にも、多数の活動家がいた。たとえば、一九〇八年、中心的活動家であるタラクナート・ダス（Taraknath Das）は、バンクーバー近郊ニューウェストミンスターのミルサイドにインド人移民のための学校を開設したほか、バンクーバーで『フリー・ヒンドスタン（自由インド人）』を発行した。ちなみに、創刊号では、汽船モン

図 2-7　バルワント・シン（出所：デジタルアーカイブ Komagata Maru no. 4536）

トイーグルに「連続航路規定」を適用しようとしたカナダ政府を批判していた。また、一九〇六年にバンクーバーに到来後、カルサ・ディワン協会のシク教寺院の最初の僧侶となったバルワント・シン（Balwant Singh）や、コルカタの商家出身で一九一〇年にバンクーバーにやってきたフサイン・ラヒームがいた。ラヒームは、のちに駒形丸の傭船契約者となる人物である。さらには、テージャ・シン（Teja Singh）のように、一九一八年秋にニューヨークからバンクーバーに移動し、翌年、同地近郊に鉱山事業投資会社であるグル・ナーナク鉱山信託会社を設立し、インドからの移民を援助するとともに、彼らに働き口を提供する者もいた。法学の修士号を持つ彼には、インド高等文官として塩税の徴収官を務めた経験があった。その後、パンジャーブ州アムリトサルにあるカルサ・カレッジ（シク教徒のための英語による教育機関）の校長代理を務めた後、ケンブリッジ、ハーバード両大学で学び、さらにニューヨークに移って、コロンビア大学の教師養成プログラムに在籍した。バンクーバーにやってきたのは、英領ホンジュラスへのインド人移民再定住計画の推進役を請われたからだったが、やがて反対する側に転じ、北米への移民誘致に尽力した。

ガダル党の活動を支援するカルサ・ディワン協会も、バンクーバーに設立されたのに続いて、ヴィクトリアやニューウェストミンスターなど、ブリティッシュ・コロンビア州だけでなく、アメリカ合衆国のワシントン、オレゴン、カリフォルニアの各州にも支部を設けていた。同協会は、一九〇八年一月、北米最初のシク教寺院をバンクーバーに建立したほか、一九一二年には、ヴィクトリアとカリフォルニア州ストックトンにも建設した。シク教寺院は、礼拝所としてだけでなく、宿泊所、学校、集会所の役割も果たしていた。

このように、バンクーバーとその周辺地域は、歴史家シーマ・ソーフィの言葉を借りれば、「インド人の反植民地主義のグローバルなネットワークの重要な結節点」として機能していたのである。

†インド人活動家に対する監視の眼――ホプキンソン

「インド人の反植民地主義のグローバルなネットワークの重要な結節点」であるバンクーバーで、インド人活動家の動きを監視していたのが、ウィリアム・チャールズ・ホプキンソン（一八八〇―一九一四）である。「駒形丸事件」では、移民局のバンクーバー担当主任マルコム・リード（一八七六―一九三六）の部下として対応にあたった人物であるが、移民担当官兼通訳であると同時に、北米でのインド人による反英運動の動向を、カナダ政府だけでなく、イギリス政府インド省にも伝える諜報業務にもたずさわっていた。ここで彼について、紹介しておこう。

ホプキンソン自身、イングランド北部のヨークシャーの生まれと言っていたが、洗礼簿の調査から、インドのアラハバードで生まれたことが明らかとなっている。インド人の父とイギリス系インド人の母から生まれた「混血」で、イギリス国教会の信徒であった。一八八〇年に生まれた彼は、コルカタ警察に四年間務めた後、一九〇七年にバンクーバーに移民し、二年後、移民担当官兼通訳として移民局バンクーバー事務所に採用された。彼は英語とヒンディー語を話したが、英語には訛《なま》りがあった。また、パンジャーブ語はほとんど話せなかった。

ホプキンソンが諜報業務に適した人材としてカナダ政府幹部の目にとまったのは、タラクナート・ダスが扇動的活動をしているとの情報を匿名で新聞に投稿したことがきっかけだった。一九〇八年一〇月、彼は、内務相秘書官J・B・ハーキンの秘書兼通訳となった。前にも述べたように、当時、カナダ政府はインド人移民の英領ホンジュラスへの再定住を画策していたが、この件を担当していたのがハーキンであった。英領ホンジュラスでの賃金が安かったため、再定住計画は失敗したが、この仕事を通して、カナダ訪問中の英領ホンジュラス総督E・J・スウェインの知遇を得た。スウェインは、カナダ総督グレイ伯が、ブリティッシュ・コロンビア州のインド人移民を懸念しているのを知り、ホプキンソンを監視役にしてはどうかと薦めた。その結果、移民担当官兼通訳に任じられると同時に、諜報業務も託されたのである。ホプキンソンが収集した情報は、カナダ政府、イギリス政府（インド省）、インド政庁、そして、ときにはバンクーバー駐在のアメリカ合衆国移民官にも送られた。

駒形丸がバンクーバーに来航した際も、ホプキンソンは、移民担当官兼通訳を務めるかたわら、裏では、北米でのインド人移民の動向の情報収集に余念がなかった。「駒形丸事件」後、非業の最期をとげるが、これらについては、次章にゆずろう。

図 2-8 ホプキンソン（出所：Ali Kazimi, *Undesirables*, p. 66.）

前節と本節では、駒形丸来航前のバンクーバーの状況をみてきた。では、駒形丸の渡航計画は、どういった経緯で編まれたのだろうか。次節では、舞台をアジアに移して考えることにしよう。

3　グルディット・シンの事業計画と日本帝国

日本船「駒形丸」のチャーター

この事件を日本史と関連づける最大のきっかけは、騒動の舞台となった船舶が、日本船であった点にある。「駒形丸」は、一八九〇年にグラスゴーで建造された、二六五馬力、最大スピードは時速二〇キロ、総トン数三〇八五トンの貨客船であった。本来の輸送人員は一六〇余名であった。一九一四年の時点で、日本の神栄汽船合資会社が所有し、九州・門司港と香港間での石炭輸送の貨物船として運用され、さらに香港から東南アジア諸地域への中国人契約労働者（苦力）の輸送も想定されていた。所有者の神栄汽船は、名目上は日本の会社であったが、駒形丸の船籍は、日本の租借地であった関東州・大連で登録されており、船の運航自体は神戸を本拠とする代理店・佐藤商会が統括していた。

ここで問題となるのは、日本帝国における関東州の法的位置である。関東州は、日露戦争の結果、日本が中国（清朝・中華民国）からの租借地として統治していた「非公式」植

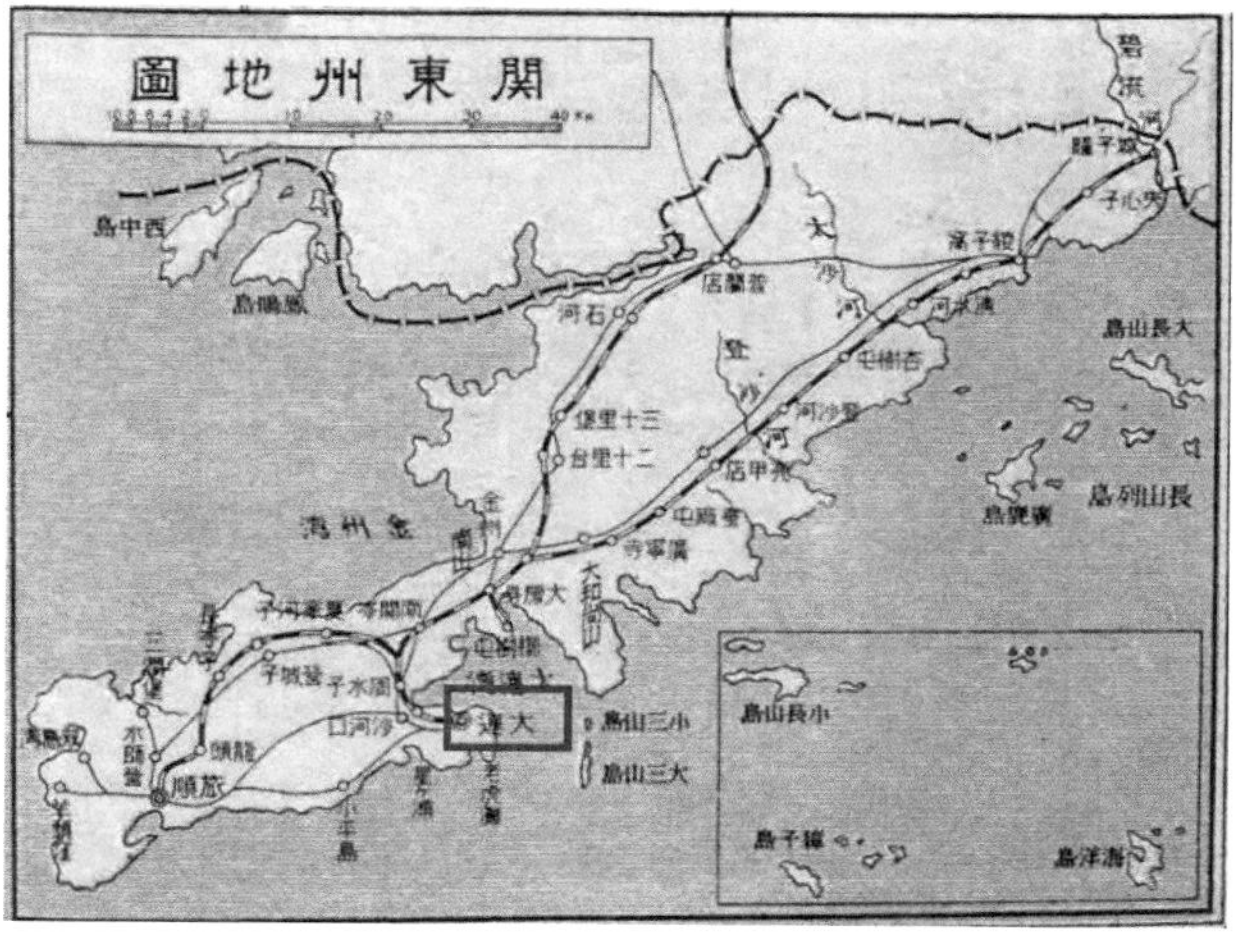

図 2-9　関東州地図

民地で、関東都督府が管轄していた。中心都市の大連は、ロシア統治時代から関税が免除された「自由港」であり、日本統治下においても大連に在籍する船舶には、何らの課税もなされず、外国船同様に大連管船局の所管外に置かれていた。駒形丸は、まさにこの「大連在籍船」であった。日本船として日章旗を掲げる「特権」があり、非課税であったため、大連在籍船舶は著しい増加傾向にあり、一九一四年時点で、二〇万トンを超える勢いであった（『大阪朝日新聞』「海事統一と大連」一九一三年六月二六日）。

また、神栄汽船合資会社は、わずか四隻の船を所有・運用する小規模海運会社であった。当時の日本の海運業界は、日本郵船、大阪商船、イギリスのP&O社など大規模海運会社が、太平洋航路、欧州航路等の主要航路で、運賃や輸送量を協定により決める国際カルテルである「海運同盟」が圧倒的な影響力を持っていた。こうした国際海運の寡占状況下にあって、大連在籍船は、寡占の隙間をかいくぐって営業する中小の海運業者にとって、非常に利点の多い仕組みであった。現代では一般的な、リベリア・パナマ・バハマ船籍のような「便宜置籍船」の先駆的形態が、関東州の大連在籍船であった。海運業界が好景気で潤う中で、自由競争に支えられ自由貿易原理を掲げる中小海運会社にとって、「非公式」植民地・関東州は、海運同盟や行政当局の規制を回避しながら、同時に日本帝国の恩恵(国旗)を享受できる、特別な場所であった。「駒形丸事件」では、その制度的枠組みを活用する船会社と日英両帝国政府の関係が問われることになる。

†シンと経済事業としての移民輸送

この日本船・駒形丸をチャーターして、香港を拠点に、北太平洋横断航路で北米のイギリス帝国自治領(ドミニオン)カナダ連邦や南米・ブラジルへのインド系移民輸送に乗り出したのが、シク教徒の実業家グルディット・シンであった。

シンは、一八六〇年に、英領インド・パンジャーブ州アムリトサル県サルハーリーで生まれた実業家であった。父親がマラヤ（海峡植民地）警察の巡査を経て、植民地行政当局との契約業者を務めたため、少年時代を英領マラヤのタイピンで過ごした。彼自身も、マラヤ駐屯のインド軍シク連隊への乳製品供給や、鉄道会社との契約、さらにゴム農園（現セランゴール州）経営を通じて富を蓄えたインド系実業家であった。海峡植民地の現地では、過酷な苦力労働に批判的な経営者として注目される存在であった。

一九一三年一二月に、共同事業経営者に対する訴訟裁判（一二〇〇ドル横領容疑）のために、香港に滞在していた。この香港滞在中に、香港から北米大陸（カナダ・アメリカ合衆国）への移民希望者が多いことに着目し、「経済事業」としての北米への移民輸送の可能性を探ることを決断し、そのために使用する船舶を探すことになった。当初、シンガポール方面でチャーター可能な貨客船を探したが見つからず、香港のドイツ系海運仲介業者A・ブーネ（Bune）が、駒形丸をシンに紹介することになる。当時駒形丸は、香港で東南アジア向け苦力輸送に転用可能な改装工事を行なっている最中で、一九一四年三月二五日に、神栄汽船会社とシンの間で正式な傭船契約が締結された。

その傭船契約によれば、傭船期間は六カ月、一月あたり一万一〇〇〇香港ドルを傭船料として支払い、運航は、全員日本人の乗船員で、船長・山本熊太郎（徳次郎とも）氏ほか四二名が担当することになった。事実上の便宜置籍船であっても、乗組員は全員日本人である点が、後に述べるように、バンクーバー港での二カ月にわたる上陸拒否、再度の太平洋横断による帰港航海中の船員の安全保証が、日本政府、外務省にとって最大の懸念材料となった。

シンは移民輸送事業のため、自己資金一五万香港ドルを準備した。しかし、それだけでは十分でないため、広範な乗船希望者の募集を前提に、一人当たり二一〇香港ドル（当時の香港＝バンクーバー間の汽船往復運賃相当額）の乗船チケット販売で事業費確保を考えた。事前の販売で約一万香港ドルを確保したと言われるが、チケット販売自体が当初非合法であるとして、シンが一時当局に逮捕・拘留されたこともあり、最終的に香港で乗船した者は、一六五名に留まった。

†「見切り発車」の香港出港と上海寄港

当初、駒形丸は、衛生面での出港許可条件をクリアーして、一九一四年三月二八日に、香港を出港してカナダに向かう予定であった。しかし、香港総督F・H・メイ（May）は、前述の「連続航路規定」を通じたカナダ当局のインド人移民制限、入国阻止の行政措置を知っていたため、駒形丸の出航を押しとどめようと努めた。彼は事前に、ロンドンの帝国政府植民地省経由で、オタワのカナダ政府に、駒形丸受け入れの用意があるかどうかを問い合わせる電文を送った。その問い合わせに対する回答がないまま、総督メイは、四月四日に、見切り発車で駒形丸の出港を許可した。

同日に、シンは、英領マラヤで旧知の植民地書記官C・セバーン（Claude Severn）を訪問して、移民輸送事業計画の概要を説明している。それによれば、カナダとブラジルへの移民事業で、四隻の汽船を使用する予定で、現在約二万五〇〇〇名の移民希望者が待機中であると説明した。セバーンは、香港政庁の立場から、出港許可がそのままカナダ上陸許可を意味するものではない、と強調している。シン自身は回顧録において、予想外に早期に、駒形丸が香港出航許可を得られた理由として、香港駐留インド軍守備隊、その主力のインド軍兵士や警官等を構成したシク教徒の同胞たちが、乗客の不満に同調して騒動を引き起こす可能性を当局が危惧したためであった、と記述している。事実を確認することはできないものの、香港在住のシク教徒コミュニティからの間接的支援があったことは確かであろう。

図2-10　香港総督フランシス・ヘンリー・メイ

予定よりも香港での乗船人員が少なく、移民事業としては採算がとれないため、シンは、上海と日本に寄港して有料の乗船者数を増やす必要があった。当時の上海は、東アジア第一の国際都市であり、一九世紀後半以来イギリスが構築してきた自由貿易体制（自由貿易帝国主義、強制された自由貿易）、港湾都市ネットワークの中心に位置していた。「共同租界」にはイギリス系植民地銀行・貿易商社等の欧米の経済諸権益が集中するとともに、前述の「アジア間貿易」のハブとしても繁栄していた。内外のモノ・ヒト・カネが集中した、古田和子が提唱する「上海ネットワーク」[4]を、駒形丸も活用することになる。四月八日に駒形丸は上海に入港し、一六日に出港するまでに新たに七三名が上海で乗船した。さらに、出港に間に合わなかった三八名が、別の汽船で駒形丸を追いかけ、門司港で乗船する予定になっていた。

門司から横浜、そしてバンクーバーへ

一九一四年四月一六日に上海を出港した駒形丸は、同一九日に九州の門司港に入港した。門司には、神栄汽船の代理店佐藤商会の支店があった。門司寄港の目的は、さらなる乗客の増員補充と、駒形丸の燃料とバラストとしての石炭補給にあった。というのも、シンは東アジアのシク教徒ネットワークを使ってフィリピン・マニラでもカナダへの移民希望者を募っており、この成果もあって、マニラから長崎経由で到着した八五名のシク教徒が新たに乗客として門司で乗船したのである。

駒形丸が門司港に入港した翌日の四月二〇日、地元紙『門司新報』は、「印度移民の発展——政治家等移民となりて加奈陀に行く」と題する、同船事務長への取材記事を掲載している。そこでは、シンをシク「州の宰相とも云うべき人格高き人」と高く評価した上で、今回はカナダへの「試験的移民」であり、前年十一月からのカナダ政府の移民放逐・制限に対抗するため、政治家・宗教家・実業家・農工業者が一団となってカナダに向かう、とやや誇張された好意的な報道がなされていた（『門司新報』一九一四年四月二〇日、第二面）。

筑豊炭田に近接する門司港は、汽船への石炭燃料補給港でもあった。太平洋横断の往復航海を計画していた駒形丸にとって、二〇〇〇トンの石炭補給は不可欠であった。門司では、多くの企業が石炭供給を申し出たが、いずれも前払いを要求した。しかし、十分な資金的裏付けを持たぬシンにとって、半分の一〇〇〇トン分の支払いが限界で、門司の古川商会から一〇〇〇トンの石炭を買い入れた。残り一〇〇〇トンは、下関汽船合資会社社長の好意による支払い保証を条件に、三井物産門司支店から購入した。この石炭代金の決済は、カナダから追い返された駒形丸が八月に神戸港に入港した際に問題となった。駒形丸は四月二九日に門司港を出港し、横浜に向かった。

シンは、門司港で一時下船し、後に鉄道で横浜に移動して駒形丸に合流した。門司滞在中に彼は、対岸の下関の旅館「春帆楼」で、神栄汽船代理店の佐藤商会関係者から接待を受けた。春帆楼は、一八九五年の日清戦争講和のために下関条約の締結交渉が行なわれた歴史的舞台であった。彼らは、インド・ナショナリズムの覚醒と日本の支援可能性をめぐり、大いに盛り上がったと言われる。この席でシンは、駒形丸の航海に反対した場合、インド政庁は数万のインド軍の抵抗・反乱の脅威に晒されるであろう、との私見を表明している。

図 2-11　三井物産門司支店（中央）

門司では、バンクーバーのシク寺院の著名な僧侶で、前年一九一三年からイギリス、英領インドでカナダのインド系同胞の苦境救済の請願を行ない、香港経由で帰国の途上にあったバルワント・シンが、シンに合流した。彼らは、神栄汽船の本拠のあった神戸に立ち寄り、駒形丸傭船契約の傭船料支払い期限延期（六月一一日）を申し出て合意を得た。その後二人は鉄道で横浜に移動し、先に到着していた駒形丸と合流した。横浜では、さらに、インドから来た一四名を加えた結果、乗船者は、全員パンジャーブ州出身の総勢三七六名、そのうち八〇名が直接英領インドから、残りは東アジア（極東）に在住するパンジャーブ人で、シク教徒三四〇名、ムスリム二四名、ヒンドゥー一二名であった。バルワント・シンは、横浜から別の船でカナダに向かった。

第 三 章

バンクーバーでの屈辱
——駒形丸事件

駒形丸の乗客たち(1914年5月23日)。グルディット・シン(前列左端)、息子バルワント(その右)(出所:Vancouver Public Library. no.6231)

1　上陸拒否

†届かぬ情報

五月三日に横浜を発った駒形丸は、二一日、ヴィクトリアに近づいていた。このあと、同地近くのウィリアム・ヘッド検疫所で検査を受けてバンクーバーに向うのが一般的であり、実際、駒形丸もそのルートをたどるのである。だが、駒形丸がある情報を事前に入手していれば、別のルートをとっていたかもしれず、事態は違う形で展開したかもしれなかった。

前章で述べたように、カナダ政府は、一九一三年一二月に発布した枢密院令によって、ブリティッシュ・コロンビア州の港への労働移民の上陸を禁じていた。これは翌年三月三一日までの時限措置であったが、再発布したため、措置は継続された。再発布された枢密院令には、当初のと同様、上陸を禁止する港が列挙されていたが、バンクーバー島にあるポート・アルバーニは、開港したばかりだったため、リストから漏れていた。

同港が対象から外れているのに気づいたのは、ぱなま丸訴訟でインド人側弁護人を務めたJ・エドワード・バードであった。この少し前、駒形丸の上陸を支援する組織として、フサイン・ラヒームら一五人のインド人からなる「沿岸委員会《ショア・コミッティー》」がバンクーバーで結成されており、バードは、駒形丸の乗客の代理人を任されたばかりだった。彼からポート・アルバーニが対象外であることを知らされたラヒームらは、駒形丸に伝えようとした。だが、駒形丸は無線電信装置を備えていなかった。直接知らせるため、彼らは急ぎボートを借り、二一日朝、バンクーバー島南西岸にたどり着いた。そこから外海に出ようとしたが、荒波のため断念せざるをえなかった。

図3-1　J・エドワード・バード
（出所：Janet Mary Nicol, “Not to be bought, not for sale”, *Labour/Le Travail* vol. 78, 2016, p. 22.）

この動きを察知した移民局バンクーバー担当主任マルコム・リード、移民担当官兼通訳ウィリアム・チャールズ・ホプキンソン、ヒンドゥー語の通訳補佐の三人も現地に向った。二一日夕刻、ポート・アルバーニから約九〇キロにあるナナイモに到着したが、そこで駒形丸がすでにウィリアム・ヘッド検疫所に到着したことを知らされた。結局、駒形丸は、同志が近くまで来ていたことも、移民局員が彼らを阻止しようとしていたことも知らぬまま、ヴィクトリアに向かったのだった。

†ウィリアム・ヘッド検疫所

移民局の三人は、二二日午前六時半にウィリアム・ヘッドに到着し、初めて駒形丸を目にした。検疫所の係官による検査が行なわれたが、医療証明書がなかったために中断した。だが、代わりに燻蒸証明書が出されたことで、午後六時四五分、カナダへの入港許可がおりた。駒形丸は、移民局員のボートに伴われ、バンクーバーに向けて進み出した。

検疫所でグルディット・シンは、報道陣に次のように話していた。「われわれはイギリス臣民である。帝国のどの場所にも行ける権利がある。これをテストケースとしたい。あなたがたの国に入るのを拒まれるのなら、それでは終わらない」と。

†バンクーバーへ

二三日、駒形丸はバンクーバーにやってきた。午前二時五〇分、バラード入江の端に投錨した。ノースバンクーバー側で、向かいには先住民スカーミッシュの保留地があった。乗客は下船するのを待っていたが、それはかなわなかった。午前八時、移民局の面々に加え、税関職員、医務監督官、バンクーバーの仲介業者で駒形丸の代理人を務めるガードナー・ジョンソンが船に乗りこんできた。

その後、駒形丸はノースバンクーバーから、南のバンクーバー市街地側に移動した。だが、接岸することは許されず、ダウンタウンのバラード通りの北端にあった移民局の建物から一キロほど離れた地点に錨をおろした。波止場にはインド人たちが集まっていた。報道陣はボートに乗って駒形丸まで近づくことができたが、それ以外の者は許されなかった。乗客の代理人であったバードも、船内に立ち入ることは認められなかった。

図 3-2 バンクーバー湾に停泊中の駒形丸（出所：Library and Archives Canada. MIKAN 3238054）

乗客たちは皆、下船できないままでいた。グルディット・シンは、自分が下船できないのは承服できないと訴えた。駒形丸の傭船契約者かつ商人（実業家）であって移民ではないのだから、法律によって上陸が禁止されてはいないと主張したのである。バードは、シンが囚人よりもひどい扱いを受けているとして、カナダ政府に訴えたが、政府からの回答は、移民局の指示に従うようにというものだった。

今日、バンクーバーのダウンタウンには高層ビルが林立しているが、当時は高層の建物は少なかった。おそらく駒形丸からは、南にダウンタウンの町並みが遠くまで見渡せたし、北西にはスタンレー公園が、北にはノースショアの山々が見えたであろう。しかも五月のバンクーバーは快適な気候である。上陸を待ちわびる彼らには、この後二カ月も船内に留め置かれ、あげくのはてに退去を命じられるとは、思いもよらなかったはずである。

†時間稼ぎの入国審査

乗客たちは、医務監督官による身体検査を受けたが、それが終わったのは、到着から一週間以上も過ぎた六月一日であった。移民局からの指示で、一人ひとりを徹底的に検査することになったためである。

これは、カナダ東部でヨーロッパ移民に対して行なわれていた身体検査とは対照的であった。特にイギリスや西欧・北欧からの移民に対しては、形式的な検査で済まされるのが普通だった。当時、ヨーロッパから大西洋を越えてやってくる大量の移民に対応できる医務監督官が圧倒的に不足していたこともあって、イギリスや西欧・北欧からの「望ましい移民」たち——カナダの白人社会、特に、主流であるイギリス系の社会に順応・同化できる人々——には、検査の時間を割かなかった。他方、それ以外のヨーロッパ移民、つまり、東欧・南欧からの移民に対しては、もう少し時間がかけられていた。といっても、通常は一時間に三百人、多いときでは一時間に四、五百人は検査されていた。駒形丸の乗客がいかに念入りに検査を受けたかがわかるだろう。

身体検査が終わると、移民局の移民審査部による尋問が始まった。移民審査部は、リードを含む三人の移民担当官で構成されていた。最初に尋問の対象となったのは、以前にカナダに住んでいたと申告した二二人であった。このうち二人は、三年以上国外に居住していたことを理由に、再入国は認められなかった。残り二〇人のうち、即時に再入国が許可されたのは一三人であった。その後、残りの乗客に対する尋問はゆっくりと進められた。移民局の対応に不満を抱いたグルディット・シンの指示で乗客たちが尋問拒否のハンガーストライキを起こすなどしたために、尋問はさらに遅れ、二〇人全員の再入国が認められたのは、六月九日になってのことであった。この結果、再入国が認められた二〇人と上陸後まもなく喘息で病死した一人を除く、三五五人が船内に残された。

では、どうして移民局は入国審査に長い時間をかけようとしたのだろうか。実は、移民局側にはある計算が働いていた。シンは、駒形丸の代理人であるジョンソンに対して、駒形丸のチャーター代と門司で積んだ石炭代の合計一万五〇〇〇ドルを六月一一日までに支払わなくてはならなかった。シンが期日までに支払わなければ、船主側、つまりは代理人側に、駒形丸を香港に帰還させる権利が生じることになる。そこでシンを拘束し代金を調達するのを遅らせ、期限内に支払いができないようにすれば、駒形丸は帰還せざるをえなくなるにちがいない。このような思惑から、移民局は入国審査を遅らせようとしたのだった。

†政府側との交渉

シンの下船が許されていない状況下で、乗客の上陸を支援したのが沿岸委員会であった。同委員会は乗客の代理人としてエドワード・バードを選んでおり、彼が移民局との交渉にあたることになっていた。二七日、ようやくバードは、移民局側、つまりカナダ政府側と交渉に入ることができた。当初、政府側の弁護人を務めたのは、バンクーバーに法律事務所を構えるロバート・L・リードとW・B・A・リッチーの二人であった。リッチーは、ロバート・ボーデン首相（一九一一年一〇月〜一九二〇年七月在任）とは、以前にノバスコシア州ハリファクスで法律事務所を共同経営していた旧知の間柄であった。一九一一年にバンクーバーに引っ越すと、同地で名を馳せていたリードの法律事務所に入るとともに、移民局の法律顧問となった。二人は、バードに対して、次のような条件を提示した。乗客から二、三人を選んだうえで、彼らの上陸を許可するかどうかについて、裁判所の審理に委ねる。ただし、その審理は、下級審である地方裁判所ではなく、ブリティッシュ・コロンビア州での最終審である同州控訴裁判所にて行なう、と。

では、どうして政府側弁護人は、最初からブリティッシュ・コロンビア州の最終審での審理を行なうことを主張したのだろうか。いくつか理由が考えられる。当時、同州の法律では、乗客の身柄の拘束が合法であるとの判決が下された場合は、乗客側は、上級の裁判所に控訴することができた。つまり、地方裁判所で合法と判断されても、これで結審せず、最高裁判所（上位裁判所とも呼ばれる）、控訴裁判所と、さらに二度裁判を受けることができた。あるいは、最初に最高裁判所で審理された場合には、そこで合法と判断されても、控訴裁判所で裁判を受けることができた。このシステムは、政府側にとって不利に働きかねなかった。つまり、裁判を重ねることで敗訴するリスクが高くなる可能性があったのである。それを避けるために、政府側弁護人は、いきなり最終審で審理することを求めたのである。それはまた、裁判が長引くことで経費がかさむことを避けたい乗客側にとっても好都合のはずであり、乗客側もこれを受け入れるだろうという計算が働いていた。それだけではない。政府側にはもっと大きな理由があった。それは、ぱなま丸訴訟の苦い記憶である。

前章で述べたように、一九一三年一一月に行なわれたぱなま丸訴訟では、首席判事ゴードン・ハンターが一人で審理を行ない、「連続航路規定」と所持金規定を盛りこんだ枢密院令は法律違反であるとの裁定を下したのだった。もし、駒形丸の乗客が、ぱなま丸訴訟のように、一人の判事によって裁かれることになれば、政府側は敗訴するかもしれない。そうしたリスクを避けるためにも、控訴裁判所での判事全員による審理に委ねるべきである——このように政府側は考えたのだった。

政府側弁護人の二人は、控訴裁判所での審理をバードに強く迫り、受け入れさせた。だが、このあとバードから交渉結果を伝えられた沿岸委員会は、突っぱねてしまうのである。

抗《あらが》う沿岸委員会

どんなに時間と金がかかろうとも最後まで法廷で争う——これが、沿岸委員会の当初の姿勢だった。「当初」と書いたのは、この後、資金不足が危ぶまれるようになると、方針を変えることになるからである。

五月最後の週末、沿岸委員会は、資金調達のための集会を開催した。集会には、五、六〇〇人のインド人と二〇人ほどの白人が集まった。登壇したバルワント・シンは、移民局担当官が監視していたにもかかわらず、数年以内にインドが自治を獲得できなければ、イギリスに対する革命も辞さないと熱弁をふるった。駒形丸支援の募金が行なわれ、現金で五〇〇〇ドルが集まったうえに、六万六〇〇〇ドルの寄付の申し出があった。だが、申し出どおりに寄付があったわけではなく、その後続けられた集会や募金運動で集まったのは、一万七二二一ドルであった。

この間、再入国申請の乗客に対する移民審査部による尋問は続いていた。沿岸委員会は、バードを介して、迅速な審査をするよう移民局側に要求した。移民局は、これに応じないばかりか、グルディット・シンの審査はいちばん最後になると伝えてきた。沿岸委員会は尋問のボイコットをバードに指示し、審査は一日ストップした。

尋問ボイコット

六月四日、尋問再開と思われたのだが、今度はグルディット・シン自らが乗客にボイコットを呼びかけた。当局の不当な扱いに抗議して、餓死しても戦うと。

この日の遅く、移民局は、バードとシンが会うのを許可した。といっても、移民局の監視の下で、それぞれが大型ボートに乗って言葉を交わしたのである。当然ながら、二人の会話は移民局側に筒抜けであった。この会話を通してバードは、移民局への提案を思いついた——乗客全員を下船させ、陸上の小屋に収容したうえで、入国審査を行なう。駒形丸から石炭を下ろし、代わりに新たな積み荷を載せて、香港に返す。審理で送還命令を下された乗客には、別の船を用立てる。送還までの滞在費用は、シンが負担する。それまでの間、シンは、六月一一日に出航予定のエンプレス・オブ・ロシアでインドに戻らせる。

この提案を移民局は受け入れなかった。乗客全員を収容する場所はなかったし、それに応じなくとも、シンがチャーター代などを期限内に払わないために乗客が送還される可能性が高いと思われたからである。その一方で、移民局は、シンの扱いには苦慮していた。商人である彼を駒形丸に留め置くことは法律上認められておらず、かといって、彼をインドに戻してしまえば、インドで扇動するかもしれない。そうなれば、インド政庁だけでなく、カナダ政府にも影響が及ぶだろうと。移民局は、シンの拘束を続けることを決断した。

†水と食糧

入国審査が長引くにつれて問題になったのが、水と食糧であった。シンは、移民局に窮状を訴え、補給を求めるとともに、餓死しても戦う姿勢を示した。だが、移民局は請け合わなかった。乗客が調理をしていることや、シンら幹部が通常の食事をしているとの情報を、駒形丸の乗組員から得ていたからである。さらに移民局は、沿岸委員会が用意した五トンの食糧を積んだ漁船を拿捕した。

だが、バンクーバー到来から二週間が過ぎると、飢餓は深刻になった。六日、シンは、カナダ政府だけでなく、イギリス政府にも打電し、窮状を訴えた。――「四日間、食糧なし。リードは補給を拒否。傭船契約者〔シン〕と乗客は飢えて囚人同然」と。深刻な状況にあるとの船医ラグナート・シン（Raghunath Singh）からの訴えが出されて、ようやく移民局は動いた。八日、ホプキンソンが駒形丸に入り、シンらと交渉した。ホプキンソンは、食糧の支給に応じたものの、その代金を要求し、シンは代金を支払った。食糧が駒形丸に届けられ、翌日、それまでボイコットしていた尋問が再開された。

図3-3　駒形丸の乗客たち（出所：Library and Archives Canada. MIKAN 3629984）

インド人移民からすれば、移民局の対応は、人道的な配慮を欠いていた。もっとも、移民局には、彼らを瀕死に追いこむ意図はなかった。オタワにいる移民監督長官W・D・スコットから、必要ならば水と食糧を支給すべしという通達を受け取っていたのである。ただし、この通達には、乗客の食糧代金を負担するのは、傭船契約者であって、政府ではないという、移民法の規定を遵守するのが基本的原則であるとのことわりが付いていた。現地担当官は、基本的原則を実直に実践し、餓死しても戦う姿勢を見せたシンの要求には動じなかったのである。

その後も現地担当官たちは、乗客に対してきびしい態度を貫いた。食糧が調達できるよう下船の許可を求めた際にも、船医に対してだけ、これを認めた。シンとその取り巻きの幹部を他の乗客から切り離すことで、シンを孤立させようとしたのである。

†沿岸委員会による支払い

すでに述べたように、シンは、駒形丸の代理人ジョンソンに対して、チャーター代と石炭代の合計一万五〇〇〇ドルを支払わなければならなかった。支払期限の六月一一日は迫っていた。移民局は、シンが支払うのは不可能であり、駒形丸を退去させる日は近い、と踏んでいた。さらに移民局にとって頼もしい援助者が現われた。ボーデン首相の旧友で元連邦閣僚のチャールズ・ヒバート・タッパーが、ジョンソンの弁護人となったのである。彼は、移民局に有利となるよう助力を惜しまないと約束した。といっても、タッパーは、移民局のやり方を全面的に支持していたわけではなかった。実際、駒形丸退去をめぐって紛糾した際には、強硬姿勢を崩さぬ移民局に代わって、事態打開に乗り出したのだった。

このように移民局優位の状況にあって、インド人移民側で事態打開の主導権を握ったのが、沿岸委員会であった。シンは駒形丸の船内に拘束されており、彼に代わって移民局や駒形丸代理人との交渉にあたることになる。

一〇日、沿岸委員会は、ジョンソンに対して一万一〇〇〇ドルの小切手を手渡した。と同時に、シンに代えて同委員会のメンバー二人——フサイン・ラヒームとバッグ・シン（Bhag Singh）——を傭船契約者として認めるよう要求した。ジョンソンはこれに反対であったが、彼は現地代理人であるため、同委員会の要求を日本にいる船主（代理店・佐藤商会）に伝えた。これに対して船主側は、傭船契約者として認める条件として、一一日までに一万五〇〇〇ドルを支払うのに加えて、香港までの二カ月分のチャーター代約一万ドル、帰還経費六〇〇〇ドル、無線電信装置装着代一六〇〇ドルなどの負担を同委員会に求めた。船主としては、もし駒形丸がバンクーバーを退去しなくてはならなくなった場合、香港に戻るまで収入がない事態は避けたかったのである。だが、同委員会は、船主側が突きつけた代金は法外であるとして、受け入れなか

図 3-4　山本船長（右から２人目）、グルディット・シン（右端）と駒形丸船主代理、機関長（出所：City of Vancouver Archives. CVA 7-128）

った。

この後、船主側は、一八日、二カ月分のチャーター代約一万ドルが二四時間以内に支払われない場合、乗客を乗せて駒形丸を帰還させることを山本船長に命じた。船主側がこのような命令を出したのには、ジョンソンからの説得があったからだった。沿岸委員会の要求には根拠がなく、代金の支払いを先延ばしするための口実にすぎない。駒形丸の乗客は明らかな不法入国であり、早晩、送還措置がとられるはずである——ジョンソンは、移民局の現地担当官の意見を代弁し、それを日本にいる船主に伝えていたのである。このようにインド人移民へのジョンソンの対応はきびしく、シンは、佐藤商会に宛てた書簡で、自分が借りた船の代理人が敵対的であると不満を訴えていた。

船主側は、ジョンソンの意見を聞き入れて命令を出したものの、戸惑いがあった。乗客が法律に違反していて上陸が認められないという確証がない以上、勝手に送還させることはできなかった。そこで、先の命令を出す一方で、移民局に対して確証を求めた。

これに対し、移民局のリードは、乗客の上陸不許可の文書を作成しようとした。だが、政府側の弁護人の二人が、入国審査が済んでいない段階で、しかも、訴訟になる可能性がある時点で、こうした文書を出すことには問題があるとして、文書作成をやめるようリードに進言した。ここにみるように、上陸拒否ありきで強引に事を進めようとする移民局の現地担当官らに対して、所定の法的手続きを踏むべきだという慎重論が出ていたのである。

その間、沿岸委員会は、インド人移民たちに、同委員会の二人が新たな傭船契約者となったと訴えるとともに、資金援助を募り、二〇日、ジョンソンに対して四〇〇〇ドルを支払った。船主側は同委員会の二人を傭船契約者とは認めていなかったが、当初の約束である総額一万五〇〇〇ドルを支払ったことは、大きな意味を持っていた。これによって、乗客の利害を代弁するのが沿岸委員会であることを政府側に示すことになり、移民局による入国審査の引き延ばし策は、意味を持たなくなったのである。と同時に、沿岸委員会側も、従来の方針を転換せざるをえなくなった。

†沿岸委員会の方針転換

どんなに時間と金がかかろうとも最後まで法廷で争う——これが、沿岸委員会の当初の姿勢だった。それゆえ、政府側弁護人から控訴裁判所での審理に委ねるという提案を持ちかけられても、それを突っぱねたのである。だが、一万五〇〇〇ドルという大金を支払った今、先の見えない交渉に使える金銭的余裕はなくなっていた。

ついに同委員会は、方針を転換した。二〇日、控訴裁判所での審理に応じる旨、代理人のバードを介して、政府側に伝えたのである。

†政府側の対応――バンクーバー対オタワ

では、政府側はどのように対応したのだろうか。政府といっても、一枚岩ではなかった。現地バンクーバーにいるリードら移民局担当官とオタワのカナダ政府の間には、対応に開きがあった。さらに、バンクーバーにあっても、移民局担当官と法律の専門家である弁護人の間には意見の相違がみられた。

これまでみてきたように、現地担当官たちは、入国審査をできる限り長引かせ、シンがチャーター代を期限内に支払えないようにすることで、乗客を追い返そうと目論んでいた。シンに代わって沿岸委員会が交渉するようになっても、それが失敗するとみて、入国審査をゆっくりとしか進めなかった。さらに、沿岸委員会が一万五〇〇〇ドルを支払った後には、尋問担当官に出張命令を出し、担当官不在を理由に審査を中断することもあった。

現地担当官たちは、上陸阻止ありきで強引に事を進めていた。すでに述べたように、リードは、入国審査が完了していなかったのにもかかわらず、船主側からの照会に応えて、乗客の上陸不許可の文書を作成しようとしたのである。乗客のカナダ入国をめぐって訴訟になる可能性があった時点で、法律に逸脱するような行為をしたのは、逆にいえば、訴訟となれば敗北するかもしれないという危惧を抱いていたからではなかろうか。

このような危惧は、同じくバンクーバーにいる政府側弁護人たちも共有していた。だが、法律の専門家である彼らは、あくまでも適切な法的手続きを踏むべきと考えており、強硬路線をとる移民局担当官とは一線を画していた。そして、沿岸委員会が控訴裁判所での審理に応じる意向を示して以降、彼らは、乗客側代理人バードと協議を重ねていた。

カナダ政府は、現地担当官たちの強引なやり方を快く思っていなかった。当初、移民監督長官スコットは、現地の主任であるリードにかなりの自由裁量を与えていた。しかし、リードが「暴走」しだすと、慎重に対応することを求めるようになった。

†「ハリー」・スティーブンス

リードが「暴走」したのは、どうしてなのだろうか。そこには、ハリーこと、ヘンリー・ハーバート・スティーブンス（一八七八—一九七三）の存在があった。バンクーバー選出の連邦下院議員で与党保守党に属する彼は、過激なアジア移民排斥論者であった。

スティーブンスは、一八七八年にイングランドはブリストルに生まれ、九歳のときに家族とともにカナダに移民し、オンタリオ州ピーターバラに居住した。一五歳のときにブリティッシュ・コロンビア州バーノン（オカナガン地域）に移り住んだ。雑貨店、鉱山、鉄道で働いた後、一八九九年にアメリカ合衆国シアトルに行き、米軍補助部隊に志願した。

最初の任地はフィリピンであったが、次いで中国に向かい、義和団事件で揺れる天津で運搬・救助作業に従事した。中国人でごったがえす異様な社会を間近にした彼は、中国人が大挙してカナダに到来したならば、白人社会は圧倒されてしまうと危機感を抱いた。中国滞在は、アジア移民排斥論者スティーブンスの原体験となった。

一九〇一年にバンクーバーに移り住むと、食料品店を営むかたわら、簿記・会計を学び、やがて不動産業にも手を広げた。敬虔なメソディストで禁酒家であった彼は、社会改良運動に関与し、中国人移民の賭博場や売春宿を一掃する活動にたずさわった。一九〇九年、バンクーバー市会議員となり、二年後、連邦下院議員となった。連邦政界で力をそそいだのが、アジア移民の排斥であった。アジア移民が少なく、彼らへの関心が薄かった東部の議員や閣僚に対して、西部の危機を訴えたのである。また、バンクーバーでアジア移民の排斥を実践すべく、移民局の現地主任に、自分の熱烈な支持者で初等学校教員であったリードを抜擢するよう働きかけたのも、スティーブンスであった。

駒形丸の話に戻そう。スティーブンスは、リードから情報を頻繁に受け取っており、乗客の上陸阻止に向けてリードら現地担当官を支援するだけでなく、自らも率先して行動した。六月二〇日、彼は、駒形丸の船医ラグナート・シンと移民局事務所で面会し、グルディット・シンの行状を聞きだした。乗客を威嚇的に扱う暴君のようだとの証言を得ると、面会内容を口外しないよう念を押した。妻子とともに乗船していたラグナート・シンが他の乗客とはほとんど交わらない存在であったのに目をつけたスティーブンスは、自分たちに有利な証言を引き出したといってよい。それを彼は、グルディット・シンが危険人物であることを示す証拠としてボーデン首相に示し、駒形丸退去の判断を迫った。なお、後日、船医は、妻子とともに上陸が許された。

また、沿岸委員会が方針を転換して控訴裁判所での即時審理を受け入れる意向を示すと、法廷に持ちこまれることを望まぬスティーブンスは、それを阻止するため、バンクーバー市長ら有力者の嘆願書を首相に送りつけた。このように政府への直接要求も辞さないスティーブンスの後押しを受けて、リードは、さらに「暴走」した。

†現地担当官リードのさらなる「暴走」

六月二四日、駒形丸に積まれた水は不足していた。オタワの移民監督長官からの指示は、以前と同様、必要ならば支給すべしであった。飲料・調理・洗濯・発電などに使われる水は一日二八ドルであり、さしたる額ではなかった。だが、リードは支給に応じなかった。

それどころか、リードは、同日、乗客のカナダ入国について裁判所での審理に委ねるべきだとする政府側弁護人の助言を無視して、翌朝出航予定のカナダ太平洋鉄道会社船エンプレス・オブ・インディアで乗客を送還させると、カナダ政府に打電した。出航にあたっては、船上に警護員を配置するなど、必要な武力を行使する。カナダ太平洋鉄道会社には、一万五〇〇〇ドルに加え、乗客一人当たり三五ドルの補助金を支払う。許可が下りれば、その後の一切の責任は、スティーブンスと自分がとる、と。

†裁判へ

リードからの打電を受けたカナダ政府は、それをただちに却下した。法廷での審理をへないでインド人移民を退去させることは適切ではないと判断したのである。

かくして、乗客のカナダ入国の可否をめぐる問題は、裁判に委ねられることになった。駒形丸がバンクーバーに来航してからまるひと月がたって、ようやく事態は動きだした。

†インド人移民と社会主義者の温度差

裁判の話に入る前に、六月二一日にバンクーバーで開かれた集会について触れておこう。沿岸委員会が中心となり白人市民に支援を呼びかける目的で開催された集会には、インド人四〇〇人と白人の社会主義者一二五人が集まった。登壇者の中にハリー・M・フィッツジェラルドがいた。彼はブリティッシュ・コロンビア州で組合運動を指導した後ニュージーランドに渡り、同地の社会党創設に関わったが、カナダに戻っていた。演説で彼は、「早くインドに帰り、資本主義と戦うべき」と述べ、法廷闘争に臨もうとするインド人移民に水をさす形となった。聴衆の間でも、乗客の救済じたいを支援するインド人移民と、インドの反英闘争に共鳴する白人というように、反応に温度差があった。

図 3-5　練習艦浅間

図 3-6　練習艦吾妻

日本練習艦隊の寄港

この集会をはさむ六月二〇日から二三日まで、日本帝国海軍練習艦の浅間と吾妻がバンクーバーに寄港した。寄港予定の報を受けたリードは、一五日、日本側に、練習艦隊を使って駒形丸をバンクーバーから退去させるよう要請した。現地の新聞のほか、イギリスの『タイムズ』までもが、「日本艦隊の伴走により駒形丸退去の予定」と報じた。だが、日本政府は、カナダの領海で日本海軍が脅迫することは英加双方を刺激するとして請け合わなかった。

また、翌日には、バンクーバー港長が、練習艦隊入港に備え、駒形丸を三〇〇メートルほど移動させるよう山本船長に依頼した。エンジンの始動音を強制退去と勘違いした乗客が激高したため、移動は中止された。

2 裁判

†移民局による尋問

法廷での審理に先だち、その対象となる乗客に対して、移民局による尋問が行なわれることになった。六月二五日午前、乗客二人——ムンシ・シン(Munshi Singh)とナライン・シン(Narain Singh)——が移民局の検問所に連れて行かれた。この二人は、前日夜に乗客側弁護人であるバードによって書類選考されていた。バードは、政府側弁護人との事前協議で、枢密院令に記されている入国条件のうちでもっとも明確な基準である「現金二〇〇ドルの所持」の条件をみたしていない者を、乗客の「代表」として選ぶことに同意していたのである。二人との面接を終えてバードが最終的に選んだのは、二六歳のムンシ・シンであった。ムンシ・シンは、横浜で駒形丸の切符を二〇ポンドで購入し、九ポンドが手元に残ったが、この時点では、ソブリン硬貨六枚、つまり六ポンド――三〇ドル相当――しか所持していなかった。

正午すぎ、移民局によるムンシ・シンに対する尋問が始まった。この人物は、「現金二〇〇ドルの所持」条件はみたしていない。三カ月前にコルカタを出て香港に行き、さらに横浜まで行ってから駒形丸に乗船しているので、「連続航路」と「通し切符」の条件もみたしていない。また、乗客名簿には「農場主《ファーマー》」とあるが、カナダに居住する二五〇〇人のインド人の九〇%は「労働者」であるから、「農場主」ではありえない。以上から、すべての規定をみたしておらず、入国は認められないと判断された。

移民局の判断を受けて、ただちにバードは、ブリティッシュ・コロンビア州最高裁判所判事のところに行き、身柄拘束の仮差し止めを取りつけた。これも、政府側弁護人との事前協議で、同州控訴裁判所での審理の前提として合意していたものだった。そしてその夜、バードは、控訴審での審理の手はずを整えるため、政府側弁護人ウィリアム・ヘンリー・ダグラス・ラドナーとともに州都ヴィクトリアに向った。

†裁判所での審理開始

六月二九日、ブリティッシュ・コロンビア州控訴裁判所での審理が始まった。ここで、審理のよりどころとなる法律を確認しておこう。

まず、カナダが一九一〇年に制定した移民法(一九一〇年移民法)である。同法は、一九〇八年の汽船モントイーグル訴訟で不備を指摘されたことをうけて、従来の移民法を改正したもので、移民管理についての権限を総督から内務相に移していた。

この一九一〇年移民法に沿って具体的な措置を講じるためにカナダ政府が出したのが、枢密院令である。インド人移民に関する枢密院令としては、三つあった。うち二つは、ぱなま丸訴訟で法律違反とされたことをうけて、一九一四年一月に改訂・再発布されたものである。

今後、出生か帰化によって市民となっている国から連続航路を通り、かつ、その国で購入、あるいはカナダで購入した通し切符でカナダに到来しないかぎり、いかなる移民のカナダへの上陸も禁止する。

今後、アジア人種の移民は、最低二〇〇ドルの現金を所持していなければ、カナダへの上陸は認められない。ただし、特別な法律規定があるか、カナダ政府を拘束する――それらの条約、協定、協約の条項にこの規則が矛盾する――特別な条約協約があるアジアの国で出生した者、あるいはその国の臣民には適用されない。

この二つの枢密院令に加えて、ブリティッシュ・コロンビア州の港での労働移民の上陸を禁じた枢密院令があった。つまり、「連続航路」と「通し切符」からなる「連続航路規定」、二〇〇ドルの所持金規定、労働移民の禁止規定、の三つを満たしていなければ、駒形丸の乗客はカナダに入国できなかったのである。

以上は、カナダ側の移民制限に関する規定である。しかし、これと矛盾するかのように、イギリス帝国全体では、帝国臣民としてイギリス帝国内の移動の自由を認めた大原則があった。インド人に関しては、一八五八年の女王布告があり、この布告に基づけば、駒形丸の乗客のカナダ入国は何ら制限されるものではなかったことになる。さらにいえば、「連続航路規定」は、カナダの権限の及ばない外海の航行を制限しており、カナダは越権していることになる。また、この規定に加え、二〇〇ドルの所持金規定と労働移民の禁止を設けているのは、アジア人種に対する差別ではないかという疑念も生じた。

これに対して、カナダ側は、移民の処遇を内政問題ととらえていた。カナダは、イギリスの自治領、つまり、内政自治を認められた連邦体であり、移民法や枢密院令といった独自の法律を設けることができると判断していたのである。

他方、乗客側は、たとえカナダの法律で入国が制限されていようとも、帝国臣民である自分たちは、女王布告によって自由な移動が保証されているのであり、カナダに入国できるはずだとして、カナダへの入国を敢行した。それは、インド人移民に対する不当な差別への挑戦であった。「ロンドンのスラムに住む者でも、カナダやインドに自由に行けるのに、どうしてわれわれはだめなのか」——一九二八年に書いた回顧録の中で、グルディット・シンは、当時の胸中をこのように吐露していた。

「移動の自由」というイギリス帝国の「大波」に乗って海を渡ってきた駒形丸の乗客たち。はたして彼らは、カナダの「防波堤」を首尾よく越えられたのだろうか。

†口頭弁論

控訴裁判所での審理では、乗客側からロバート・カシディとバードが、政府側からリッチーとラドナーが、弁護人を務めた。

この四人のうち、三人は駒形丸の問題に以前から関与していたが、カシディだけは、最後の段階で加わった「急ごしらえ」の弁護人であった。というのも、沿岸委員会が、インド人移民の訴訟に明るい二軒の法律事務所に弁護を依頼したが、どちらにも断られていたのである。駒形丸の問題が、法律をめぐる争いではなく、外交に関わるからというのが、断りの理由であった。つまり、乗客側が勝つ見込みはないと判断していたのである。そこで、白羽の矢が立ったのが、日本人移民の訴訟に関わった経験のあるカシディだった。だが、インド人移民の訴訟を扱った経験はなく、十分な準備もしないまま、口頭弁論に臨んだのだった。

六月二九、三〇日、ジェームズ・A・マクドナルドを裁判長とする総勢五人の判事の前で、口頭弁論が行なわれた。まず、乗客側の弁護人による陳述が行なわれた。「急ごしらえ」の弁護人カシディは、移民法と枢密院令を対照させ、両者の細々とした文言の違いを指摘しただけで、本質を突くことはなかった。これに対し、バードは、前述した点、つまり、帝国臣民の移動の自由を制限する権限がカナダにはないこと、枢密院令の諸規定がアジア人種に対する差別であることを指摘し、ムンシ・シンのカナダ入国は認められるべきだと主張した。

カシディの陳述は初日の午前中に終わったが、バードのは同日午後から翌日の昼までかかった。乗客側の口頭弁論に一日半が費やされたことになるが、弁護人二人がずっと発言していたわけではない。この間、判事五人が、弁護人の陳述内容を確認すると称して、二人の陳述をことあるごとにストップさせたのである。

これに対して、政府側の口頭弁論では、判事が口をはさむことはほとんどなかった。むしろ、政府側弁護人がよどみなく陳述するのを促している観があった。弁護人の一人リッチーは、移民法や枢密院令の制定経緯・意図を説明するとともに、法廷に持ちこんだ七一

図 3-7　ブリティッシュ・コロンビア州控訴裁判所法廷（出所：BC Archives. F-07892）

図 3-8　ブリティッシュ・コロンビア州控訴裁判所長官ジェームズ・A・マクドナルド（出所：BC Archives. A-01854）

冊の判例集をひもときながら、過去の判例に照らし、ムンシ・シンの入国の不当性を淡々と述べ立てたのである。対照的ともいえる判事の対応が示すように、公平な形で口頭弁論が行なわれたというよりも、政府の行動が合法であったことを前提として進められていたといってよい。

†うずまく陰謀説

口頭弁論が終わって裁定が下されるまでの間に、駒形丸の船内ではいざこざが起きていた。グルディット・シンに対して不満を抱く乗客が増えていたのである。六月上旬に届けられた食糧は尽きていたが、乗客は餓死状態には陥っていなかった。以前とちがって、バンクーバー在住のインド人からの差し入れが認められており、移民局員が、それを移民局で受け取り、船まで送り届けていたのである。また、乗客から小銭を預かった移民局員が、食糧を買ってくることもあった。このように現地の移民局の対応が軟化したのには、前にも指摘したように、連邦政府は穏健な行動を求めており、その要請に応えたからであった。だが、それに加えて、移民局側には、そうすることで乗客から船内の情報を引き出したり、シンたちを他の乗客から孤立させたりできるという思惑が働いていた。

実際、移民局にとって好都合な事態が起きていた。乗客たちは、餓死状態ではないとはいっても、食糧が乏しいことには変わりなかった。そこで彼らは、シンに対し、渡航前に渡した金を返すよう要求した。だが、シンは、上陸するまでは返金しないと、応じなかった。シンへの不信を募らせる乗客も少なくなかったのである。

こうしたなか、七月三日、バンクーバーとナナイモに居住するインド人四人が、移民局を訪れ、返金に応じないシンに不満を抱く乗客との面会を求めた。移民局側は、四人を大型ボートに乗せ、駒形丸近くまで連れて行った。駒形丸の甲板には大勢の乗客が集まり、欄干越しに四人に向って叫び始めたため、まったく会話が聞き取れなくなった。そこで、面会はままならないと判断した移民局通訳補佐が、乗客のうちの五人を大型ボートに乗りこませた。この様子を見ていたシンは、五人の中に過去に移民局と接触していた人物がいるのに気づいた。陰謀とみたシンは、ただちに道板を上げるよう命令した。駒形丸に戻れなくなった五人の「裏切り者」は、大型ボートに留め置かれた。

この五人の処遇をめぐって、今度は、移民局の側が、陰謀のにおいを嗅ぎとることになった。しかもそれは、日本人とインド人が通じているのはないかという疑いのにおいであった。リードとホプキンソンが、山本船長に対し、警察を呼んででも五人を船内に戻すべきであると要求したにもかかわらず、船長は応じなかったからである。

†裁定

このようにグルディット・シンの側にも、移民局の側にも、疑心暗鬼が生まれていたなか、口頭弁論から約一週間後の七月六日の昼前に裁定が下された。五人の判事全員が、カナダには移民に関する法的措置を講じる権限があるとしたうえで、それに則って行なった移民局の判断は正しい旨、言い渡したのである。つまり、ムンシ・シンの入国は認められなかったのである。なお、裁定では、ムンシ・シンに対する入国拒否の是非にまで踏みこんではいなかった。移民局がカナダの法律に従って判断したかどうかを審理したのであって、その判断内容自体を評価する権限は本法廷にはないとしたのである。

このように具体的な案件に立ち入ることを避けながらも、判事たちは、枢密院令の諸規定は、アジア人種に対する差別にはあたらないと述べていた。カナダが独自に設けた移民規制は、あらゆる人種や国籍の人々――アジア人種であれ、ヨーロッパ人種であれ、インド生まれであれ、イギリス生まれであれ――に適用されるという解釈を示したのである。だが、それを前提としつつも、判事の口からは、アジア人種を他の人種と区別するのは問題ないとする、差別を容認する意見が出されていた。

さて、沿岸委員会にとって、この裁定は彼らの期待を裏切るものだった。これを受け入

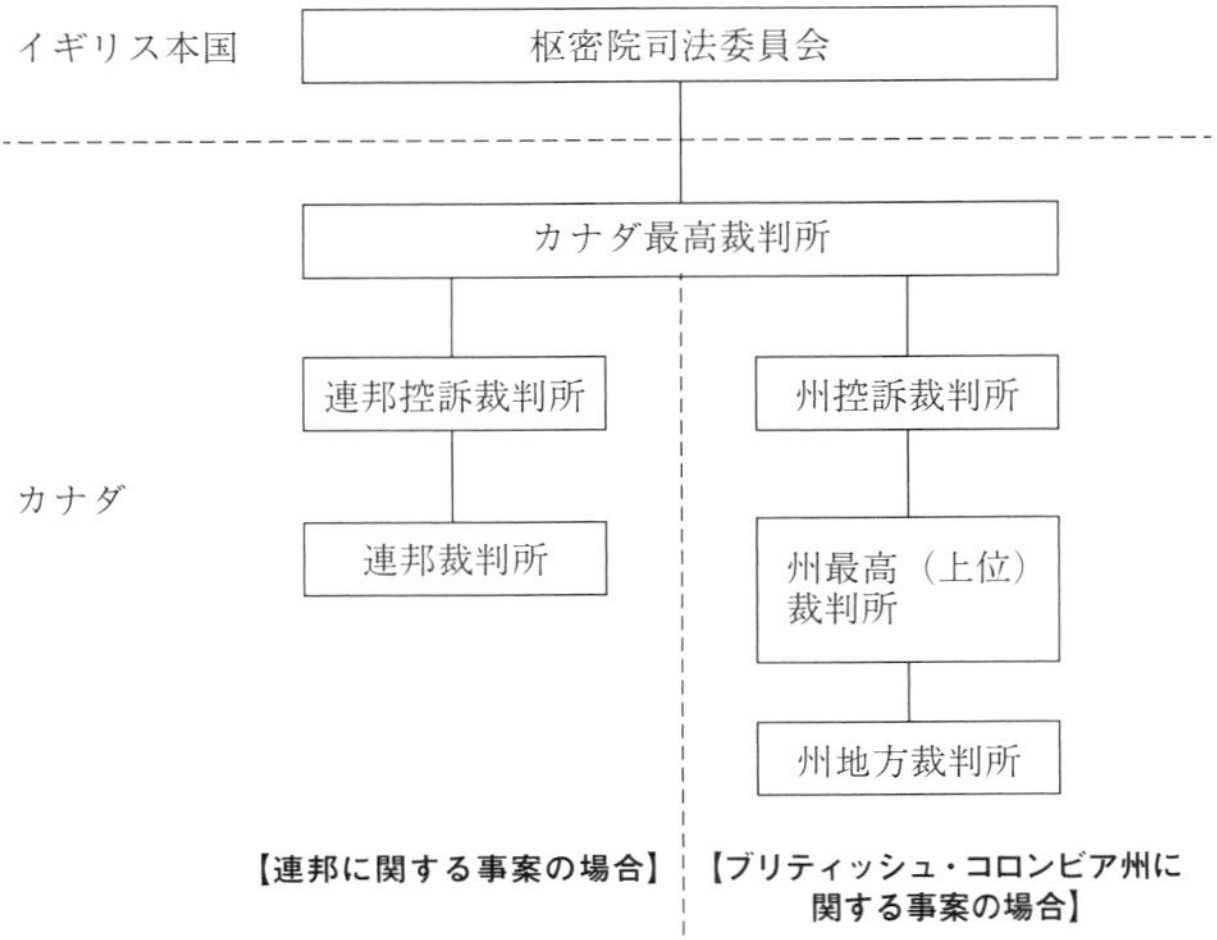

図 3-9　当時の裁判所の構成

れるべきか。それとも、法廷闘争を続けるべきか。沿岸委員会は選択を迫られた。もし、法廷闘争を続けるとすれば、残されたチャンスは二回あった。まずは、オタワにあるカナダ最高裁判所に上告し、そこでも敗訴した場合には、イギリスの枢密院司法委員会に最終判断をあおぐことができた。当時のカナダは自治領であり、司法面では完全に独立しておらず、本国イギリスにある枢密院司法委員会が「最終審」の役割を果たしていたのである。なお、司法権がカナダ側に委ねられるのは、刑事が一九三三年、民事が一九四九年であった。つまり、カナダ最高裁判所がカナダの完全な「最終審」となるのは、一九四九年のことだったのである。

かりに法廷闘争の継続を選んだ場合、カナダ最高裁判所が開廷する九月まで待たねばならなかった。さらに、イギリス枢密院司法委員会の審理を受けるとなると、年内に決着がつく見込みはほとんどなかった。これまで沿岸委員会が中心となって訴訟費用を集めてきたが、法廷闘争をさらに続けるとなると、膨大な資金が必要になる。結局、同委員会は、訴訟の継続を断念せざるをえないと判断した。

†上告断念

では、グルディット・シンら乗客は、どう判断したのだろうか。その日の午後、リードとバードは、裁定結果を伝えるため、駒形丸に向った。船上では、乗客たちが棍棒を構え、「裏切り者」五人を船内に入れまいとしていた。リードはというと、シンたちが裁定に激怒して暴動を起こすのではないかと警戒し、警官隊を出動させる手はずを整えていた。裁定結果は、大型ボートにいるバードから口頭で乗客に伝えられた。リードは、抵抗すれば警官隊を呼ぶと威嚇した。彼らは抵抗しなかった。梯子が降ろされ、バードらはシンと面会した。このとき、五人の「裏切り者」も船内に戻ることができた。

翌朝、バードは、再びシンのもとに向かった。このとき初めて二人だけで面談することが許された。それまでは移民局の監視下でしか面談ができなかったのだが、行き過ぎた行為は慎んだ方がよいとの政府側弁護人の説得を移民局が受け入れたことで実現したのである。面談の結果、シンたちは、ムンシ・シンに対する裁定を受け入れることに応じた。そして、他の乗客についても入国審査を受ける権利を放棄すると言明し、香港への帰還に向けた交渉に入るよう要請した。かくして、法廷闘争は終わり、乗客をどのようにしてカナダから退去させるのかが、次なる争点となった。

†裁定の画期的意義――イギリス帝国体制の変容

審理内容や裁定結果にもう少し踏みこんでおこう。審理を通して、白人側の人種意識が浮き彫りになったばかりか、裁定結果が、今後のカナダとイギリスの関係、ひいてはイギリス帝国体制のあり方を変えることになったからである。後者の方から論じよう。

裁定では、移民に関する法的措置を講じる権限はカナダにあるとしたうえで、カナダが定める移民法や枢密院令は、イギリス生まれの移民に対しても適用されるとの判断を下していた。つまり、カナダに入国できるかどうかは、イギリス本国の法律によることなく、カナダが独自に決められるというのである。これは画期的な裁定であった。

かつて、カナダが植民地であった一八六五年には、イギリス議会が「植民地法の適正性に関する法」(「植民地法効力法」あるいは「植民地法有効化法」とも呼ばれる)を制定し、イギリス本国の法律の方が、植民地の法律よりも優位にあることを確認していた。つまり、その当時は、イギリスの法律に抵触する法律を植民地側が定めることはできなかったのであり、イギリスの法律がイギリス帝国全体を統べていたのである。だが、その後、カナダやオーストラリアなどの植民地が自治領となり自立度を高めるにつれ、「植民地法の適正性に関する法」の実効性は弱まっていった。イギリス帝国の法体系にほころびが生じていたのである。とはいっても、この法律に代わる規定がなかったため、イギリスの法律がどこまで自治領に適用されるのか、あるいは、自治領がどこまで独自な法律を制定できるのかについてははっきりしていなかった。言いかえれば、これまで帝国全体を統べていたイギリス本国が、自立を強める自治領の独自の動きをどこまで縛ることができるのか、イギリスと自治領の権限の境界は曖昧になっていたのである。

こうした状況のなかで、ブリティッシュ・コロンビア州控訴裁判所が、カナダがカナダに入国する移民を独自に決められるという解釈を示したことは、自治領側の独自性を明示した画期的な判断であった。

対するイギリスは、カナダの一州の一裁判所による裁定であったにもかかわらず、異を唱えることはなかった。一九一八年には、帝国戦時内閣が、すべての自治領には、移民に関する政策決定を行なう権限があることを決議し、一九二三年の帝国会議で確認された。

イギリス帝国の法体系に生じたほころびは、自治領に有利な形で繕《つくろ》われたのである。

このように、控訴裁判所の裁定は、駒形丸の乗客の運命を左右しただけではなく、イギリスと自治領の関係の変容を促す重要なきっかけとなった。実際、イギリスと自治領の関係は、以後ますます変化した。駒形丸がカナダを退去してほどなく第一次大戦が勃発すると、自治領の協力が必要なイギリスは、自治領の独自性を認めていった。その結果、イギリスと自治領の関係は変化した。一九二六年の帝国会議でのバルフォア報告書と、それを法制化した一九三一年のウェストミンスター憲章によって、イギリスと自治領は、王冠への共通の忠誠によって結ばれた共同体である「ブリティッシュ・コモンウェルス・オブ・ネーションズ」を築くようになった。イギリスが帝国構成地域を垂直的に支配するイギリス帝国体制から、イギリスと自治領が対等なブリティッシュ・コモンウェルス体制（ただし、植民地や属領とは、旧来のイギリス帝国体制が維持された）へと、イギリス帝国のありようは大きく変化したのである。

なお、先に述べた「植民地法の適正性に関する法」は、ウェストミンスター憲章によって無効とされた。だが、すでに移民政策に関しては、ブリティッシュ・コロンビア州控訴裁判所の裁定を契機として、自治領側に独自性を認めていた。「駒形丸事件」は、イギリス帝国の体制転換と密接に結びついていたのである。

†人種意識——差別を前提とした移民政策

次に、白人側の人種意識について見ておこう。

移民に関する法的措置を講ずる権限はカナダにある。そのカナダが制定する移民法・枢密院令は、人種や国籍に関係なく適用される——これが控訴裁判所の判事たちの解釈の前提にあった。カナダが持つ権限の独自性と法的措置の普遍性を前提としながら、アジア人種を他の人種と区別するのは問題ないと判断していた。

望ましいカナダ社会を維持・発展させるには、望ましくない人々の入国を禁止するのは当然である。たとえば、イギリス生まれであっても、心身に障害を持つ者の入国を拒否できる。アジア人種は、北米やアフリカの先住民と同じ程度だが、ヨーロッパ人種よりは劣る。しかも、異質な生活様式、信仰、信条ゆえにカナダ社会に同化できない人々である。人種には違いがあるのだから、扱いに差があるのは当然であるし、必要である——判事たちは、同化できないアジア人種に対して種々の規制措置を講ずるのは問題ないとしたのである。欧米世界で広く共有された、人種を《優‐劣》ないしは《文明‐野蛮》で区別する見方を、判事たちも抱いていたのである。

興味深いのは、インド人移民の排斥を正当化するのに、カナダの先住民を引き合いに出している点である。判事のアーチャー・マーティンとアルバート・エドワード・マクフィリップスは次のように指摘していた――先住民に参政権が与えられていないのは、彼らが白人よりも文明的に劣っているからである。彼らは、大人であっても、「国王の保護下にある者《ウォーズ・オブ・ザ・クラウン》」(国の保護を受ける人々)である。インド人移民は、先住民と同様、白人より劣っており、白人と対等に暮らすことは適切ではない。もし、インド人移民の入国を認めれば、「カナダの大地の最初の息子たち」で「国王の保護下にある者」に対して不公平になる、と。先住民を保護すべき対象として見下し、権利を与えないことを正

図 3-10 判事マーティン(出所:BC Archives. B-00682)

図 3-11 判事マクフィリップス(出所:BC Archives. A-02321)

当化する論理が、インド人移民の排除の正当化に用いられたのである。

3　強圧と抵抗

移民局の対応

グルディット・シンらが退去の意向を示したのを受けて、リードは乗客全員に退去通達を発しようとした。報告を受けた移民監督長官スコットは、いきなり退去通達を出すことは違法になるとして、リードを制した。というのは、裁定は、あくまでもムンシ・シンに対して下されたものであり、他の乗客の退去を命じたものではなかった。つまり、グルディット・シンたちが入国審査を受ける権利を放棄するといっても、移民法の規定では、入国審査なしに退去通達を出すことはできなかったのである。

リードたちの「暴走」は、これまでもあった。だが今回は、かなり強引であった。そうなったのには、駒形丸到来からひと月以上が経過しており、これ以上時間をかけられないという焦《あせ》りがあった。しかも、移民局のこれまでの行動が移民法に沿ったものだという裁定が下されたことが、追い風になっていた。それだけではない。インド人移民に対してかねがね不信感を抱いていたのに加え、彼らの不穏な動きに脅威を感じていたことが、「暴走」へと駆り立てていた。

†入国審査拒否と食糧補給

乗客を退去させるには、移民法に則って入国審査を行なわねばならない。そこでリードは、七月九日、ホプキンソンら移民局員や弁護人ラドナーとともに、駒形丸に乗りこみ、グルディット・シンたちに入国審査に応じるよう要請した。だが、彼らは拒否した。最初から通らないことがわかっている審査を受けるつもりはないと主張したのである。さらに彼らは、水と食糧の補給を要求した。

移民局側はこれに応じ、一日半分の食糧と水が船内に運ばれた。だが、リードは、その代金を負担する必要はないとして、請求書を山本船長に送りつけた。餓死させてはならぬが、金を出してまで援助するつもりはない、ましてや駒形丸の送還費用は負担しないというのが、リードの立場であった。これには、現場担当者からも批判があった。ホプキンソンは、乗客との衝突を招きかねないとして、リードを批判する文書をオタワの本局に送っていたが、上司の指示に従わざるをえなかった。ホプキンソンは、インドの事情を知っていただけに、強圧的なやり方が、インド人移民、ひいては、インドの反英運動を刺激することも理解していた。

翌一〇日、リードは、乗客たちが入国審査に応じないことを理由に、退去通達を出す準備を始めた。

†送還費用の負担をめぐって——タッパーの提案

食糧代の請求書を受けとった山本は、支払いには応じず、船主代理人ジョンソンの弁護人を務めるチャールズ・ヒバート・タッパーに相談した。タッパーは、カナダ首相ボーデンとは旧知の仲であり、彼が関与したことで、リードの強硬路線に代わる穏健な打開策が模索されることになる。

図3-12　チャールズ・ヒバート・タッパー（出所：Library and Archives Canada. MIKAN 3221874）

タッパーは、元首相チャールズ・タッパー（一八九六年五月～七月在任）の次男で、ハリファクスの法律事務所で働いていたときの同僚が、ボーデンであった。タッパーは、一八八八年にジョン・A・マクドナルド政権で、当時最年少の三三歳で連邦閣僚（漁業相）となったが、一八九七年に政界を退き、バンクーバーに引っ越していた。タッパーとボーデンは、元同僚という関係にとどまらなかった。ボーデンの政界入りを薦めたのは、タッパー父子であり、父親チャールズの後任の保守党党首にボーデンを推挙したのも、やはりタッパー父子であった。

山本から相談を受けたタッパーは、七月一〇日、ボーデン首相に打電した。一四日、タッパーの案がリードに伝えられた。その案とは、カナダ政府が食糧・物資代金を負担するが、駒形丸がバンクーバーから二五〇キロの海上に出るまで代金の支払は行なわない、というものであった。無条件で費用を負担するのではなく、二五〇キロ圏外への退去を条件とすることで、カナダ政府の体面を保ちつつ、駒形丸の「自主的な」退去を促そうとした苦肉の策である。リードは、この案に不満であったが、首相の意向が反映されており、受け入れざるをえなかった。

†リードの強硬策——退去通達

タッパーが送還条件案を練っている間、リードは、強硬路線を貫いていた。水は一日分ずつしか補給せず、食糧も、小麦粉、米、キャベツなどが主で、バターなど、乗客が頼んだものはほとんど入っていなかった。しかも、代金の支払いには応じなかった。

船内はきわめて不衛生になっていた。乗客の訴えを受けて船内に入った保健省の検疫官は、山のように積まれたゴミ、汚物で詰まったトイレ、病人がつばを吐いて不潔きわまりない床、ぎゅうぎゅう詰めの船室など、悲惨な状況を報告し、乗客の隔離と船の消毒を勧告した。

一七日、リードは、四二トンの水を駒形丸に運び入れた。これは、検疫官の勧告に応じたからではなかった。タッパーの送還条件に従えば、二五〇キロ離れた海上まで水を補給し続けるのは無理だと判断したからであった。つまり、あくまでも退去に向けた給水であった。さらにリードは、退去通達を出すことを決断した。船主の代理人ジョンソンに送還書類を送り、駒形丸の退去を要請した。そして、オタワの本局に対して、「不測の事態が起きぬ限り、本日午後に退去する見込み」と打電した。

退去通達は、送還条件とともに、ジョンソンから乗客たちに伝えられた。彼らは、二五〇キロという長い距離を航行した後に、本当にカナダ政府が費用を支払ってくれるのか訝《いぶか》った。だが、ジョンソンは、この条件をのまなければ、強制送還は避けられなくなるだろうと告げたのだった。

†インド人移民の不穏な動き

リードらは、駒形丸の退去に向けて準備を進める一方、インド人移民の動きに対して警戒を強めていた。アメリカ合衆国側でもガダル党の連中が駒形丸の乗客を支援していると疑っていたのである。ちょうどその頃、不穏な動きが相次いで発覚した。

一七日、メワ・シン（Mewa Singh）なる人物が、アメリカ合衆国で購入した武器をカナダに持ちこんだところで逮捕された。その仲間には、沿岸委員会のメンバーで傭船契約者であるバッグ・シンやガダル党支持者などがおり、彼らも、カナダ側の要請を受けたアメリカの官憲によって身柄を拘束された。

同日には、バンクーバーから八〇キロにある米加境界でも、拳銃二丁と三百発分の弾薬をたずさえカナダ側に戻ろうとしていたシク教徒が逮捕された。

これらの出来事を受けて、リードらは、駒形丸退去には武力行使も辞さないと決断した。

†武力行使も辞さず——山本船長への説得工作

ジョンソンのもとに退去通達が送られたことは先述したが、実際に駒形丸を出港させる権限は、山本船長にあった。山本とインド人移民との共謀を疑っていたリードは、バンクーバーに駐在する日本領事堀義貴《よしあつ》に本件への介入を要請した。これを堀が断ると、山本と直談判するため、一八日深夜、駒形丸に向った。就寝中だった山本は、船外に出るのを拒んだが、午前三時になって、ジョンソン宅に行くことに応じた。ジョンソン宅には、政府側弁護人の二人もいて、警官隊の投入を認めるよう山本に迫った。

図3-13　記者の質問に答えるスティーブンス（中央）、リード（その左）、ホプキンソン（右端）――シーライオンにて（出所：Library and Archives Canada. MIKAN 3238586）

山本が即断を避けたため、会談は午前九時まで持ち越された。再開された会談で、リードは、警官隊の投入を認めない場合、駒形丸の退去がこれ以上遅れれば、高額の罰金を科すか、送還費用負担を反故にするかのどちらかしかないと述べ、午後六時までに回答するよう山本に詰め寄った。この会談には堀も同席しており、堀は、日本政府の意向をきく必要があると回答した。これには、リードも政府側弁護人も、本件は日本政府とは無関係であり、その必要はないと応じた。結局、山本は、警官隊の投入に同意した。

なお、堀の記述によれば、このとき彼は、強制退去を躊躇する山本の立場をリードらに再三説明し、再考を促したという。また、それに先立ち、山本の「懇請」を受けて駒形丸に行きグルディット・シンに穏便に出航することを「説諭」し、沿岸委員会のフサイン・ラヒームにも同様に「懇諭」した、とある。そのラヒームだが、駒形丸がバンクーバーを退去した後、領事館を訪ね、堀に感謝している。

†警官隊の投入――乗客たちの抵抗

一九日午前一時、警官隊一二五人と移民官三五人が、警察船シーライオンに乗りこんだ。警官隊は拳銃を所持し、移民官は、市民軍から借り受けたライフル銃で武装していた。この少し前、ホプキンソンがボートで駒形丸に近づくと、沿岸委員会の許可なしには駒形丸は出航しないという返事が暗闇から返ってきた。一時一五分、シーライオンは駒形丸に近づき、サーチライトで照らし始めた。

この直後、駒形丸から、石炭や煉瓦などがシーライオンに投げこまれた。駒形丸の甲板がシーライオンよりも五メートルほど高かったために、乗客には警官隊の様子がよく見えたのである。駒形丸からシーライオンに向けて発砲があったが、殺傷には至らなかった。他方、警官隊は、拳銃を使わぬよう言い渡されていたが、実際には数発発射した。この騒乱でシーライオン側の二〇数名と乗客数名が負傷したが、重傷者は出なかった。

シーライオンは退却し、乗客たちは喝采した。「グル（シク教の導師）のおかげで勝ったのだ。……俺たちは、死ぬ覚悟も、殺す覚悟もできている。」――乗客の一人は、こう綴っていた。

4　退去

図 3-14　ロバート・ボーデン首相（出所：Library and Archives Canada. MIKAN 3212876）

†首相ボーデンの決断――イギリスの意向への配慮

シーライオンを追いやった後、乗客たちは、欄干にバリケードを築き、次なる戦闘に備えていた。他方、屈辱的な敗北を喫したリードらは、さらに強硬な手段が必要だと考えていた。

シーライオンが退却してまもない午前二時

図3-15　巡洋艦レインボー（出所：Vancouver Public Library. no. 120）

（七月一九日）、スティーブンスは、ボーデン首相に打電した――「船内のヒンドゥー（「インド人」の意）は、きわめて過激で無法である。強硬策が必須であり、レインボー、ないしはその類《たぐ》いの海軍船の派遣を要請する」。

レインボーとは、カナダ海軍が所有する巡洋艦（三六〇〇トン）で、バンクーバー島のエスクワイモルトを拠点に太平洋海域の防衛にあたっていた。カナダ海軍は一九一〇年に創設されたばかりで、巡洋艦は、レインボーと、大西洋海域防衛のためにハリファクスに配備されたニオベの二隻しかなく、いずれも三年前にイギリス海軍から払い下げられたものだった。カナダが独自の海軍を創設したことは、カナダのイギリスからの自立の表れであったが、中古船二隻というのはあまりにもお粗末で、帝国防衛への積極的貢献を主張する者からは、「安っぽい海軍《ティン・ポット・ネイビー》」と揶揄《やゆ》された。その一隻を駒形丸退去のために投入するというのである。当時、レインボーは、翌二〇日にバンクーバーに入港する予定であった。それは修理のためであり、臨戦態勢がとれる状況にはなかった。

スティーブンスからの要請を受けたボーデンは、海軍・漁業相ダグラス・ヘイゼンに対して、レインボーの派遣を打診した。と同時に、農相マーティン・バレルに対して、バンクーバーに急行するよう依頼した。

バレルは、ベテランの保守党連邦議員で、ボーデン政府で唯一のブリティッシュ・コロンビア州出身の閣僚であった。生まれはイングランド南部のバークシャーだが、同州のオカナガン育ちで、リンゴ園を営んでいた。国政にも地方政治にも通じており、ボーデンとは長年の同志であった。バレルは、ただちにオカナガンを出立し、二一日朝、バンクーバーに到着した。

他方、ヘイゼンは、レインボーの司令官ウォルター・ホーズに連絡をとった。ホーズは、駒形丸に横付けするといった繊細さを要する任務には巡洋艦は向かないと考えていたが、駒形丸を威圧させるだけでよいとのヘイゼンの回答を受けて、派遣に応じた。二〇日午前、簡単な点検を済ませたレインボーは、夕刻、バンクーバーに向けて出航した。

巡洋艦レインボーとバレル農相の派遣は、これまでリードら現地の対応に委ねていた状況から、連邦政府による積極的な関与への転換を意味した。と同時に、強硬路線から柔軟路線への転換のきっかけとなった。バレル農相と乗客側との交渉によって、駒形丸のカナダ退去に向けて事態は大きく動き出すのである。

では、なぜボーデンは、巡洋艦レインボーとバレル農相の派遣を決断したのだろうか。

これまでボーデンは、現地の対応に委ねていた。それは、現地利害への配慮であったが、アジア移民が少なく、彼らへの関心が薄かった東部出身の政治家全般に見られる意識の反映でもあったことは否定できない。その一方で、イギリスの意向を汲まねばならなかった。

イギリス政府は、カナダに干渉はしなかった。六月一八日、全インド・イスラム連盟が事件打開のための介入を請願したのに対して、植民地相ハーコートは、一九一一年六月の帝国会議でのインド相クルーの発言を引き合いに出し、移民受け入れを判断するのは自治領の権限だと回答していた（この回答は、二九日、インド省にも送られた）。とはいっても、カナダでの事態を憂慮しており、二四日、彼は、「新聞報道によれば、駒形丸の乗客による反乱の可能性があるようだが、そうなれば武力行使は避けられなくなる。イギリスの領海にある船に対する武力の使用を回避するのが望ましい。そうしたならば（武力を用いれば）、パンジャーブ州にきわめて悪い影響を及ぼすことになる」と、ボーデンに平和的解決を求めていた。

七月一六日、乗客のおかれた状況や傭船契約者たちが義務違反を犯しているのかについて、ハーコートから事実確認を求められたボーデンは、乗客には食糧が支給されている、傭船契約者は、乗客の上陸によって一〇万ドルの大金を得るか、上陸が拒否されれば、それを理由にインド人の反英感情をあおるという不当な動機を抱いていると回答し、カナダがとった行動への理解を求めた。

しかし、現実に騒乱事件が起き、現地担当官たちは、ますます強硬になっており、平和的解決は望めそうもなかった。駒形丸来航から約二カ月たち、現地に委ねているだけでは埒《らち》があかない。そこで、巡洋艦レインボーで威圧させるという現地の要望に応えつつも、連邦政府の代表として、ブリティッシュ・コロンビア州出身のバレルを送ることで、事態の早期収拾を図ろうとした。「武力を用いず、駒形丸をこれ以上遅らせることなく出航させることが不可欠である」――バレルへの派遣要請の電信は、こう結ばれていた。

†沿岸委員会の署名拒否

バレルがバンクーバーに向っている頃、リードらは、駒形丸の退去に向けてなおも躍起となっていた。一九日深夜の騒乱事件の直前に、グルディット・シンが、沿岸委員会の許可なしには出航には応じないと言っていたのを受けて、翌日、リードは、二人の部下に、沿岸委員会のメンバーで傭船契約者であるラヒームに退去通達を届けさせた。二人が署名を求めると、彼はそれを拒否した。リードらの強硬路線は、完全に失敗したのである。

†巡洋艦レインボーと農相バレル

二一日午前八時一五分、レインボーが来航し、駒形丸から数百メートル南西の地点に投錨した。すでに埠頭には、市民軍兵士二〇四人が集結していた。巡洋艦や兵士の姿を目にしたバンクーバー市民たちが、海岸に続々と集まり始めた。一〇時、レインボーの舷側砲の覆いが外されると、海岸はもとより、バラード入江が見渡せる建物の窓側や屋上には大勢の市民が詰めかけた。平日（火曜日）であるにもかかわらず、仕事もそっちのけで、これから起こるイベントを楽しもうとしていた。

バンクーバーで発行されていた日本語新聞『大陸日報』の記者は、埠頭の様子を次のように記している――「男女を問はず見物の出て来る事々忽ち点々として人の黒山を築いた新聞紙を披げてゐる者望遠鏡を出して駒形丸を凝視してゐる者種々雑多である……埠頭に残つてる兵士は暢気《のんき》な者銃砲を持扱つて寝てゐる者があれば中には女連《をんなれん》と面白想に話してゐる者もあつた（午前十時記）」。

市民たちの期待とは裏腹に、レインボーの司令官ホーズは冷静であった。イギリス海軍の元士官で、カナダ海軍創設にともない司令官となった彼は、武力行使を辞さないリードらには承服しなかった。武器を使えば多くの人命を失うことは明らかであり、平和的な交渉を続けるよう、彼らに要請した。

他方、バレルも、リードと会った時点では武力行使が必要という考えに理解を示したが、その後ホーズと会談したことで、交渉継続を決断した。

図 3-16　駒形丸（右）と巡洋艦レインボー（左）（出所：Vancouver Public Library. no. 6224）

図 3-17　波止場に詰めかけたバンクーバー市民（出所：City of Vancouver Archives. CVA-7-129）

†新弁護人マクニール

早速バレルは、交渉を再開した。以後、事態は大きく動き出すが、それには政府側のバレルだけでなく、乗客側の新たな弁護人となったA・H・マクニールの役割も大きかった。

マクニールは、バードの同僚であり、数日前から彼に代わって弁護人を引き受けていた。保守党支持者でバンクーバー弁護士協会長でもあったマクニールは、チャールズ・ヒバート・タッパーとは、ともにノバスコシア州ハリファクスとつながりを持っていた縁で親しかった。タッパーとボーデンは朋友であり、マクニールは、タッパーを介してボーデンに物を言える立場にあった。実際、弁護人を引き受けた後、マクニールは、ボーデンに対し、リードらの情報に惑わされることなく、真の現状を知ってほしいと訴えていた。

バレルの派遣とマクニールの弁護人就任によって、連邦の関与が強まり、リードら現地担当者の役割はますます弱まった。

†交渉妥結

二一日午前一一時半頃、バレルは、沿岸委員会のラヒームの事務所に電話をかけた。事務所にはマクニールもいた。ラヒームは、乗客に食糧を支給してくれるのなら、駒形丸に行って乗客を説得すると持ちかけた。リードはこれを拒否すべきと進言したが、バレルは、乗客の空腹を満たさぬ限り、事態は動かないとみて、これを受け入れた。そして、午後一時半までに食糧を駒形丸に運び入れることを認めた。

図 3-18　リード（左）、スティーブンス（中央）、ホーズ（右）（出所：Library and Archives Canada, MIKAN 3238585）

図 3-19　船内に入る沿岸委員会のメンバー、1914 年 7 月 22 日（出所：Library and Archives Canada. MIKAN 3238584）

図 3-20 移民官ジェームズ・クィニー（右から 3 人目）と乗客たち（出所：Vancouver Public Library. no. 13161）

定刻を過ぎて、ラヒームら沿岸委員会のメンバー一〇人が移民局にやってきた。午後二時二五分、彼らは食糧を持って駒形丸に乗りこんだ。そして、一時間後、ラヒームは、グルディット・シンと合意したことを告げるとともに、マクニールと協議するため下船した。五時少し前、マクニールと移民局に戻ったラヒームは、退去するにあたっての要求をバレルに示した。

彼らの要求は三つあった。まず、食糧・物資の補給。これは、リードたちがすでに買い揃えていた倍以上であった。次に、香港ではなく、コルカタへの帰還。最後に、傭船契約者が支払った金額の負担。

これに対してバレルは、次のように回答した。食糧・物資は、要求通り補給する。コルカタへの帰還には応じられない[1]。傭船契約者の費用の負担については、「寛大な対応がなされるよう、政府委員会で検討することを首相に上申」する、と。彼の回答は、これまでのリードたちのやり方とは大きく異なっていた。食糧・物資の補給はきわめて破格の対応であったし、傭船契約者の費用の負担については、玉虫色の回答だったとはいえ、政府の前向きな姿勢を示していた。

沿岸委員会は、バレルの回答を受け入れた。その後、彼らは移民局のボートで駒形丸に向かい、乗客に交渉妥結を伝えた。やがて山本船長が、ラヒームが署名した出航許可証を手にして現われ、大型ボート上のリードやスティーブンスたちに示した。欄干に集まってきた乗客たちは、移民局の面々に声をかけ、先日の警官隊との小競り合いでの負傷の具合を尋ね、重傷者がいないのを知って安堵した。交渉妥結で、乗客の緊張がほぐれたのであろう。なお、移民局の面々が皆、乗客に不人気だったわけではない。アイルランド系のジェームズ・クィニーは、長身で快活な男で、乗客から慕われていた。

夕刻、食糧・物資の運び入れが始まった。八時半には、市民兵らが撤退した。かくして流血の事態は回避された。期待を裏切られたバンクーバー市民たちは、家路につき始めた。出航は、二日後の午前五時と決められた。交渉妥結後、バレルは、「危機的な状況だったが、名誉ある和解となった」と、ボーデン首相に報告した。マクニールも、「バレル氏がいなければ、解決しなかっただろう。……現地の移民官や政治家は、交渉や和解に応じる用意はなかった」とボーデンに書き送った。しかるに、スティーブンスは、「武力を示すことなしに、この幸運な妥結はなかった」と、自身の手柄を強調した。

†別れと苛立《いらだ》ち

翌二二日も、食糧や物資の運び入れが続けられた。その間、移民局には、乗客との面会を望むインド人が詰めかけていた。当初リードは彼らをあしらっていたが、午後遅くになって、一〇人ずつ、大型ボート甲板から五分だけ話すのを許可した。その中に沿岸委員会のメンバーが連れてきた二人の女性がいた。彼女たちは、乗客としてただ一人船内に残る女性との面会を願い出たが、両人とも体格がよかったため、リードは、武器か弾薬を隠し持っていると疑い、許可しなかった。これに反発したフサイン・ラヒームらが、リードの制止を振り切り船内に入った。リードはこれ以降の面会を一切認めないと苛立ったが、ホプキンソンに説得されて思いとどまった。

リードは最後の最後まで、神経を尖らせていたのである。その日の午後、傭船契約者の一人で、一七日にアメリカ合衆国で身柄を拘束されたバッグ・シンから、出航許可には同意していないとの知らせを受けたときも、出航を遅らせる策略ではないかと訝《いぶか》った。なお、ラヒームが傭船契約者を代表して出航許可証に署名しており、不備はなかった。

深夜、バレル、リード、スティーブンスらが集まり、予定通り、明朝五時の出航を確認し、もし遅れた場合は、レインボーと市民軍が行動を起こすことで合意した。何か差し入れたいとのマクニールの要望が聞き入れられ、夜遅い時刻に入手できた卵三箱を、沿岸委員会のメンバーが駒形丸に持参した。彼らには、明朝四時まで船内にいることが許可された。

図 3-21　バンクーバー湾を出る駒形丸。後方に巡洋艦レインボー（出所：BC Archives. D-07570）

†出航

二三日午前四時、沿岸委員会のメンバーが駒形丸から降ろされた。五時少し前、エンジンが始動し、日の出から数分後の五時一〇分、駒形丸は錨をあげた。乗客たちは、海岸やシーライオンに向って叫んでいた。サンダルやブーツを脱ぎ、振り回す者もいた。これは侮蔑の挨拶だった。海岸で見物人が見守るなか、駒形丸はバラード入江を後にし、レインボー、シーライオン、大型ボート二隻が続いた。ジョージア海峡に入ったところで、シーライオンは引き返したが、レインボーは、国際海域に入るフラッタリー岬まで駒形丸の監視を続けた。翌日午前三時、レインボーが離れると、駒形丸は太平洋の大海原に出て行った。

バンクーバー来航から まる二カ月、カナダ上陸の夢はかなわなかったのである。

5 駒形丸退去後のカナダ

†ホプキンソン殺害

これまでみてきたように、リードやスティーブンスによる強硬策を、ボーデン首相のカナダ政府が抑えることで、駒形丸のバンクーバー退去が実現した。現地担当者とボーデンの間に対応に開きがあったのは、アジア移民の急増に脅威を抱く太平洋沿岸地域と、アジア移民が少なく彼らの存在をさほど脅威とは思わない東部という違いがあったことによる。

だが、それにもまして重要なのは、カナダ政府が、インド人移民の処遇を、カナダのみならず、イギリス帝国の問題としてとらえていたからであった。つまり、眼前のインド人移民の排斥に躍起となる現地担当者と、それを国益と帝国の両方の観点から対応しなければならないカナダ政府との間には考えの違いがあった。

この点で、ホプキンソンは、イギリス帝国の事情を知る現地担当者としてユニークな存在であった。これまでも指摘したように、彼は、リードに従って行動しつつも、強硬策を全面的には支持しなかった。しかし、だからといって彼が穏健だったわけではない。彼は、インド人移民を刺激するような表立った行動は控えていたのであって、裏では、インド人移民の動向を監視していた。

そのホプキンソンは、一〇月二一日、暗殺された。「駒形丸事件」最後の「バッジ・バッジの虐殺」から約三週間後のことである。犯人は、移民局を脅迫していたシク教徒で、アメリカ合衆国で武器を購入しカナダ側に持ちこんだところで逮捕された過去もあった。

†カナダの移民政策への影響

一九一五年九月一〇日、インド相オースティン・チェンバレンは、ボーデン首相宛の書簡のなかで、カナダとインドの間に移民政策に対して開きがあることを指摘した。カナダがインドに対してインド人の移出を制限するよう再三要請したのを受けて、自分もインド総督らに働きかけたが功を奏しなかった。他方、カナダがインド人移民に高い障壁を設けて排斥し、妻子の呼び寄せを認めないでいることに、インド政庁は困惑している、と。さらにチェンバレンは、シク教徒が帝国にとって最良の兵士であることに触れたうえで、インドへの歩み寄りを求めた。

彼がカナダに示した打開案は、妻子の呼び寄せ移民を認めること、二〇〇ドルの所持金規定を撤廃し、一定数の移民を受け入れることであった。根拠としたのは、カナダの日本人移民の扱いとの違いであった。前章で述べたように、日本からの移民は、ルミュー協定によって年間四〇〇人に制限されたが、妻子の呼び寄せは対象外であった。しかも、二〇〇ドルの所持金規定はなく、五〇ドルあれば入国できた。これと比べて、インド人の扱いはきびしすぎる、と。

翌年一月二二日、カナダは、妻子呼び寄せに応じる方針を出した。他方、一定数の移民受け入れは、戦時下で失業者が多いため、見送った。

だが、この後も、インド人移民排斥は和らぐことはなかった。一九一八年七月二四日、帝国戦時会議で妻子の呼び寄せ移民を認める決議が採択されたが、カナダはこれを受け入れつつも、申請に際して煩雑な手続要件を課すことで、事実上阻止した。排斥措置を緩和するのは、割当移民制度を導入した一九五一年であった。この制度によって、インド、パキスタン、セイロン（現スリランカ）からそれぞれ一五〇名、一〇〇名、五〇名の入国を認め、一九五八年にはインドのみ三〇〇名に引き上げた。そして、一九六七年、ポイント制度導入[2]によって、ついに移民排斥措置を撤廃した。「駒形丸事件」から五〇年以上もの間、「ホワイト・カナダ」政策は続いたのである。

バンクーバーにやってきた乗客のうち、再上陸を認められた二〇人、病死した一人、最後に上陸を許された船医とその妻子を除く三五二人は、このあとどのような運命をたどったのだろうか。次章では、駒形丸の後半の航跡をたどりつつ、それが投じた波紋がインド太平洋世界に広がる様相をみることにしよう。

第四章

駒形丸事件の波紋

西部戦線のインド軍を閲兵する英国王ジョージ5世（1918年）

1　寄港地日本での駒形丸――横浜から神戸へ

†日本政府の姿勢――経済取引への非干渉方針

日本政府は当初から、駒形丸のチャーターについては、民事の事項として非干渉の姿勢を堅持していた。駒形丸がバンクーバー港に足止めされている間に、現地バンクーバーの日本領事堀義貴と本国の外相加藤高明との間で、駒形丸への対処をめぐって交わされたやりとりが、外務省外交史料館に外交文書として保存されている。[1]

その外交文書のファイルによれば、領事堀は、一九一四年六月九日付で外相加藤宛に、非常に詳細な報告書「駒形丸搭乗東印度人問題ニ関スル件」を送付している。その中で堀が強調しているのは、①日本が「駒形丸事件」を単純な経済利害関係として位置づけて対処していることに対して、現地の世論が理解を示していること、②日本人を含めた東洋人（アジア人）排斥の気運が醸成されるなかで、インド人の入国拒否は「日本人ノ立場トシテ寧ロ歓迎スヘキモノナラン」と、個人的な意見を主張していた。中国人排斥に続いて、日本人移民が排斥の対象にされる事態を避けるためにも、バンクーバー領事は、現地の世論がインド人排斥に集中して日本人の入国規制が議論されない現状を、現地で居留民保護にあたる責任者として冷静に評価し、自国第一主義を貫いていた。

一九一四年六月一六日付で、外務大臣加藤高明は、領事堀宛の訓令第七号において、あらためて日本政府の非干渉の基本姿勢をカナダ側に伝えるように指令した：

「日本政府ハ本件ニ何等ノ関係ヲモ有セサル事ヲ十分移民官ニ承知セシメ」「船ノチャーターハ民間ニ於ケル純粋ノ商取引ニシテ政府ノ干渉スルコト困難ナル事ヲモ」告ゲタルベシ。

図 4-1　バンクーバー領事・堀義貴

オタワ駐在の日本総領事・矢田長之助は、イギリス本国政府とカナダ連邦政府とのやり取りに注目していた。彼は、カナダ政府が、「本件ガ国際的紛擾ヲ起サンコトヲ憂慮シ」て、ロンドンの本国政府と協議を行なっていること、イギリス本国政府は、インドにおける対英反感の高まりを憂慮して「穏便ノ解決ヲ要望」していること、カナダ政府が自治政策を理由に強硬にインド人上陸拒絶を主張している事実を、加藤外相に打電している。現場で対応に追われた日本の領事たちは、慎重に事態の推移を見極めていたことがわかる。

堀は、駒形丸がバンクーバー港を退去後に、一九一四年七月三〇日付の外相宛て公文書(公第一三五号)「駒形丸出航事情報告ノ件」で、バンクーバー領事としての自己の行動と見解を率直に吐露している。それによれば、堀は、なるべく自ら係争の渦中に巻き込まれないように、「中立不干渉の態度を堅持」した、山本船長が助言を求めてきたときは、自己裁量権の範囲で対応したが、船長に同情して「啓発的助言」を与えた、と主張している。事件の最終段階の七月一八日には、船長の要請を受けて駒形丸に乗船して、グルディット・シンに対して、船長が窮地に陥っているので穏便な出航に同意するように説得を行なっている。彼は、カナダ当局が要求した駒形丸の強制的な出航に同意した場合、インド本国民の反感を買い、当時「勃興の気運にある日印貿易の前途に障害が及ぶことを懸念した」と述べている。

さらに彼は、「駒形丸事件」の「解決」の意味は、当事者によって異なり、現地領事にとっては、駒形丸のバンクーバー港からの出港が、現地の無責任な論客に対して、「日英同盟ノ効果ヲ幾分顧慮セシムル効果ヲ生シタル如シ」と分析している。駒形丸の日本への帰港航海により、「インド人の好日感情が非常に高まり、最近の［インド本国への］帰国者はほとんど全員が日本船舶を利用しており、また、［バンクーバーでの］日本人経営商店のインド人顧客が増加している」と報告する。堀領事自身は、自分が行なってきたさまざまな斡旋行為は、必ずしも徒労ではなかったと、自己弁護を試みている。

最後に、今回の「駒形丸事件」の「教訓」として、堀領事は次の二点を指摘する。第一に、今回のように高価な傭船料に惹かれての傭船契約は、無謀な投機者流の商取引であって、到底真面目な商人が関係すべき経済取引ではない。第二に、日本の船主が今回のような紛争に巻き込まれることは、日加関係だけでなく、日印関係においても、「通商上外交上面白カラザル結果」を招来する点を、日本の船主は十分に認識すべきである。これらの点を、日本船主同盟会等の業界団体で議論（内諭）してはどうか、と。

堀領事は、シンの「無謀な」試みに便乗する形で、高収益をめざして、海運同盟の協定をかいくぐって営業する日本の中小海運業者の経営方針、「非公式帝国」の関東州を利用した「便宜置籍船」の活動を、間接的ながら批判したのである。

†横浜での駒形丸——武器密輸の可能性

七月二三日にバンクーバーを退去した駒形丸は、再び北太平洋を横断して、八月一五日に横浜港に入港した。この日の夕方、日本政府は日英同盟に基づいて、ヨーロッパで勃発していた第一次世界大戦に参戦することを決定している。駒形丸にとっては、八月一八日に神戸に向かうまでの短期の停泊であったが、イギリス領事の禁止措置にもかかわらず、横浜での停泊中に四‐五名の乗客が下船している。停泊中の駒形丸は警備当局の緩い監視下に置かれていた。また、横浜でグルディット・シンは、香港政庁の書記官より、乗客の香港での上陸は望ましくないこと、上陸を試みる者に対しては、香港の放浪罪規則（Vagrancy Ordinance）を適用して取り締まるという、書簡を受け取っている。これにより、駒形丸の香港への寄港は難しくなった。

警視庁警視総監からの秘密報告（乙秘第一五二五号、八月一九日：駒形丸乗組ノ印度人ニ就テ）によれば、ある日本人のムスリム教徒（波多野春房）が一八日に駒形丸を訪れ、シンに面会している。そのインタビュー記録によれば、シンが今回の航海目的を、インドでの革命を実現するためであると、使命感を強調したと言われる。よって、警視総監は、次の神戸での寄港中にシンが在留印度人を扇動することは明らかなので、警備当局は彼の行動に対して警戒を怠らないように、との警告を発していた。

また、別のインド政庁内務局（Home Department）の秘密記録によると、船長の山本氏は、横浜入港中に四‐五人のインド人が駒形丸を訪ねてきて、シンとの間で何らかの合意事項が取り決められたようである、駒形丸ではバンクーバーでのハンガースト以来、ババン・シン（Bhan Singh）を中心とする反グルディット・シン派が形成され、両者の関係は悪化していた、と証言している。山本船長によれば、横浜港では夜陰に紛れて、自動式拳銃（ピストル）がぎっしり詰まった三箱がひそかに船に運び込まれて隠匿された、という噂を反シン派から聞いたが、自分は船上でそのピストルを目撃しておらず、シンはピストルの件を自分に対して一切秘密にしてきた、と述べている。[2]

図 4-2　1914 年当時の横浜港

また後日のインド政庁側の記録でも、日本での駒形丸へのピストル持込の可能性が示唆されている。一九一四年一二月二四日付のパンジャーブ州政府当局からインド政庁内務局宛の秘密報告によれば、乗船客の一人で後に拘禁されたサダー・シン（Sadda Singh）が、神戸でグルディット・シンがピストル入りの箱を持ち込むのを目撃し、同船の三等航海士がピストル隠匿を手伝った、と証言している。[3]

また、歴史家ジョンストンは、ガダル党が、第一次大戦勃発直後に、二〇〇丁の自動式ピストルと二〇〇〇発の弾丸を持たせてソハン・シン（Sohan Singh）を横浜に派遣し、

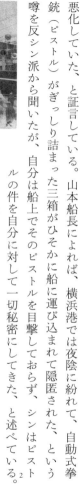

駒形丸と接触するように命じた、ホテルで隠蔽されたピストルは、横浜港停泊中にひそかに駒形丸に運び込まれた、と主張する。これらの証言や記述を確かめる証拠はないが、インド政庁内務局の関係者は、駒形丸の帰航時に停泊した横浜あるいは神戸でひそかに持ち込まれた銃器が、後に「コルカタの悲劇」を招く一因になった可能性が高い、と考えていた。

†神戸での駒形丸——神戸イギリス総領事館の対応

駒形丸は、所有者の神栄汽船合資会社と、その代理店である佐藤商会の実質的な本拠が置かれていた神戸港に回航された。八月二〇日に神戸港に入港し、九月三日に出航するまでの一五日間、神戸港に停泊した。神戸にはイギリス総領事館があり、同総領事館と東京のイギリス大使館を経由して、インド政庁の内務局・通商産業局との間で、駒形丸の最終目的地と経費負担の問題が議論されることになった。駒形丸が神戸に入港したそもそもの目的は、燃料やバラストとして往路に門司港で積み込まれた石炭の代金のうち、未払いの残金八〇〇〇円をめぐる神栄汽船と代理店・佐藤商会との話し合いのためであった。

グルディット・シンの回想によれば、駒形丸の神戸入港後、神戸のインド人コミュニティの代表格の商人ジャワハル・マール（Jawahar Mal）氏とジョティ・ラーム・マンスクハーニ（Joti Ram Mansukhani）氏が乗客に面会して、彼らの苦労をねぎらって歓待し、市内各地に案内したと言われる。[4] 神戸でのインド人同胞との交流は、乗客にとっては大きな慰めになった。

他方で、八月二四日にシンは、一二〇名のインド人を率いてイギリス総領事館を訪問し、副領事と面談している。兵庫県の警備当局は、「インド人たちは毎日数十名が上陸して、イギリス総領事館に集まるか、市内を散歩しているため、その行動に対して注意警戒を行なっていた」（兵庫県知事・服部一三から内相大隈重信・外相加藤高明宛：駒形丸搭乗印度人ト船主間トノ紛擾ニ付テ、八月二七日、兵発秘第五三一号）。

イギリスの神戸総領事ラルフ・フォースター（Ralph G. E. Forster）は、九月二日付のインド政庁内務局宛の書簡で、その間の事情を詳細に報告している。[5]

その書簡によれば、フォースターは、まず東京の駐日イギリス大使ウィリアム・グリーン（William C. Greene）に打電し、駒形丸をその出港地の香港に戻して乗客を上陸させる可能性を探り、無理であれば、コルカタまでの送還と必要経費の負担を要請した。駐日大使は神戸総領事に対して、インド政庁通商産業局に直接打診するように指示した。その指示に従ってフォースターは、八月末に二度にわたってインド政庁に打電して、神戸港での待機状態が深刻なため、約三五〇名のインド人の即時送還のために必要な、日本円で一万九〇〇〇円を至急に融通してくれるように依頼した。彼は、「インド人たちができるだけ早く移送されることが決定的に重要であり、いずれにしても、必要な食糧がすぐにも供給されるべきである」と、認識していた。神戸総領事は、駒形丸の置かれた深刻な状況を考えると、インド人たちの行動には賞賛すべき点があることを認めて、問題の早期解決を要請したのである。また彼は、インド人乗船客との面談に多大な時間を割かねばならず、総領事としての通常の業務を継続できない苦境を訴えていた。

神戸総領事館から連絡を受けたインド政庁側は、事態の早期解決と駒形丸の神戸港からの出航を促すために、即座に、ほとんど無条件で全面的に、グルディット・シンの要求を受け入れた。かりに、駒形丸の乗船客たちが日本に取り残されるような事態が生じた場合、インド政庁は無責任であるという批判にさらされるリスクがあった。そのリスクを考えると、シンの要求の受け入れは、安上がりで望ましい解決策であった。インド政庁の代理として、神戸総領事が石炭燃料費の残金八〇〇〇円を負担すること、駒形丸の最終目的地をコルカタに変更することで生じる追加傭船料（コルカタから香港までの帰路の経費）の支払いを総領事が保証し、乗船客が必要とする食糧や医療品も供給することで、シンとの合意が成立した。当初、神戸総領事は、駒形丸の最終目的地として香港を想定していたが、乗客とインド政庁双方の意向をふまえてコルカタに変更し、駒形丸が速やかに神戸港を出港できる条件を整えたのである。

実際、神戸総領事館は、香港上海銀行神戸支店（一八六九年開業）経由の電信為替で、九月一日と三日に、合計一万九〇〇〇円弱（二万九六五五ルピー）の資金をインド政庁内務局から受け取っている。[6] これは非常に迅速な送金であり、イギリス帝国が提供した「国際公共財」である海底電信ケーブルと植民地銀行のネットワーク、日本の貿易拠点としての神戸の役割が大きく寄与していた。

駒形丸は、九月三日午後五時に、コルカタに向けて神戸を出港した。日本の警備当局（兵庫県）の記録によれば、出航直前に乗船者を確認したところ、当初の二四六名乗り組みのうち二〇名が行方不明であることが判明した。おそらく鉄道を利用して門司に移動し、門司港から出身地に帰国したと考えられた。さらに最終的に、上海から乗船した五名がコルカタ行きを拒否したため、翌九月四日の阿波丸で上海に送還の予定であると、兵庫県知事が外相加藤に報告している（兵庫県知事・服部一三から外相加藤高明宛：駒形丸紛擾解決ノ件、九月三日、兵発秘第五五八号）。

駒形丸が神戸港を出航したこの時点で、対応に当たってきた地元の警察当局（兵庫県知事）は、大きな混乱もなく「事件」が無事に解決したとしている。

†日本の世論——同情的な地元新聞：『神戸新聞』と『神戸又新日報《ゆうしん》』

こうした公的な対応が見られた一方で、バンクーバー港での駒形丸、インド人移民排斥の動きは、日本の新聞でも報道されて注目を集めるようになった。日本からバンクーバーに向かう駒形丸の往路の航海は、ほとんど話題にならなかったが、バンクーバーでの二カ月におよんだ上陸・入国拒否騒動は、『大阪朝日新聞』『大阪毎日新聞』などの主要新聞でも取り上げられるようになった。

駒形丸がバンクーバーを出港する直前の一九一四年七月二二日に、『朝日新聞』（東京・朝刊）は「社説」を掲載した。そこでは、一九日に発生した乗船客とカナダ警官隊との騒擾に、遺憾の意を表するとともに、駒形丸事件により、一般のインド人の間でイギリス領での虐待に対する批判が高まり、それを通じてイギリスのインド統治が一層困難になることへの憂慮が表明されていた。同日の『神戸新聞』は、社会面（七面）で「駒形丸は今や一大修羅場」と題する見出しと写真入りで、騒擾の事実とその背景を伝えた。その記事では、グルディット・シンが神戸の代理店・佐藤商会に送った書簡を詳しく紹介したうえで、「死を以て同胞が英国人より与へられつつある侮辱より救わんとする彼等の決心健気にも又憐なり」と、同情的な報道を行なっている。

関心が高まるのは、駒形丸が神戸港に入港した八月二〇日以降で、翌二一日の神戸の地元二紙は次のように、駒形丸の到着を大きく伝えている。まず『神戸新聞』は、「駒形丸来る——問題の印度人を乗せて」との第四面記事で、記者の駒形丸機関長・篠崎氏へのインタビューを通して、バンクーバーにおけるインド人船客たちの奮戦ぶりを大きく報道した。

他方、同日の『神戸又新日報』は第五面に写真入りで、「問題の駒形丸来る——印度移民軍総指揮者ガーヂットシング氏談」との記事を掲載している。この中でシンは、以下の様に自分たちの体験を語ったとされる。

今回のカナダへの航海では、「上陸不上陸は小問題で英国の実意のないのが之ですっかり判明したから予等に取りては大成功だ、試験の為に此渡航を企て善かれ悪かれ其試験の目的が達したから大愉快だ」、「独逸商プネの紹介で自分等には永世忘れ難き此駒形丸を六万六千弗で借入れることが出来た」「自分は之が為に総額二十万弗を消費した、併し此金は死金ではない他日必ず活きて来ることを保証する」「七月二十三日に——ビクトリア警察艇隊と一戦を交へ相手はホースと短銃此方は石炭と熱湯を武器として一度は見事に加軍を撃退したのは今から想へば滑稽千万であった」と（傍線原文)。

全体として神戸の地元の新聞は、シンに対して好意的に接し、カナダ側のインド人排斥を批判的に報じていた。八月二六日の『神戸又新日報』は「駒形丸の印度人――昨日も宙ブラリン、本日は多分解決」(第六面)で、イギリス総領事、佐藤商会とシンとの交渉が難航していると伝え、乗船客のインド人たちが、メリケン波止場、海岸遊園地、鯉川筋にたむろしながら交渉結果を待つ姿や、駒形丸への給水が十分でなかったために、二四日夜に夕食を摂った者はほとんどいない窮状を報道していた。

そして、ついに駒形丸が神戸を出港した直後の九月四日の『神戸新聞』は、「問題の駒形丸去る――印度人を載せてカルカッタへ」で、乗船客への深い同情を、次のように表明していた。

「彼等が日夜彷徨し徘徊した諏訪山公園や、布引滝やそれ等の風光を顧み勝ちに、遠く南へ帰るその顔には、云い知れぬ歓喜の色の輝いているのを感ぜずにはいられなかった」「バンクーバーで情なくも同地政争のために追立てられ再び日本まで帰って来て以来、更に種々な面倒を惹起して何時なつかしい故郷に帰れるとも分らぬ運命に遭遇していた彼らが、愈々今日出帆と団長ガーヂシンの口から伝えられた時雀踊して喜んだといふのも決して無理ではあるまい」（傍線原文）。

†神戸出航後——シンガポールでの寄港拒否

駒形丸が日本を離れて以降も、日本の外交当局は駒形丸の動向を追っていた。九月九日の、カルカッタ（コルカタ）総領事・信夫《しのぶ》淳平から外相加藤高明宛、公信第一四一号（印度政庁立法参事会ニ於ケル総督演説、殊ニ駒形丸事件ニ関スル総督所見報告ノ件）は、カナダにおけるインド人排斥事件により、インド国内で反英感情が高まることを懸念したインド総督［ハーディング］の動向を伝えている。その報告によれば、駒形丸事件は純粋な法律に関する問題に属し、インド政庁が干渉すべき余地はなかったとされ、移民問題は、「完全ナル相互主義ノ下ニ英国植民地ト協議シ之ヲ解決セシムルノ外アルヘカラズ」——各植民地相互間で「正当ニシテ寛大ナル態度ヲ見ルベキ」であると、総督自身が発言したことに注目している。

駒形丸は、九月一六日にシンガポールに到着し、港外の検疫所に停泊した。だが、乗客の上陸は一切許されず、飲料水の補給のみを行ない、九月一九日にはコルカタに向けて出港した。当時インド洋の東部海域（ベンガル湾）では、ドイツ海軍の小型巡洋艦エムデン号による攻撃の危険があったため、協商国の船舶は、シンガポールで航路の安全を確認する必要があった。九月二二日の、シンガポール領事・藤井實から外相加藤高明宛、公信第一六五号（駒形丸ニ関スル件）では、シンガポールでの上陸禁止措置に対して、インド人乗客の間で、官憲に対して多少不穏の挙動があったことが報告されている。

こうしたなかで、九月二七日の『神戸新聞』朝刊（第六面）には、「駒形丸新嘉坡に着せず――当港解纜後既に二十余日　果して奈何の運命に陥る」と題する記事が掲載された。それは、神戸港を出港してから二十数日を過ぎた現時点でも、駒形丸に関して全く音沙汰がなく、南洋方面に出没するドイツ艦により拿捕・撃沈されたか、あるいは、搭乗のインド人が船長を拘束して航路変更を迫っているのかと、四十余名の日本人船員の安否を気遣う記事であった。

結局、駒形丸は一週間で無事にベンガル湾を航行し、九月二五日に、コルカタ港近郊に姿を現わしたのである。一〇月一日、カルカッタ（コルカタ）の日本総領事の信夫淳平が外相加藤高明に宛に送った公信第一五〇号によれば、駒形丸の乗船者は、当初三七六名、バンクーバーで二四名が上陸を認められ、帰航後に日本で上陸し、あるいは別船で上海に向かった者が三一名、残りの三二一名がコルカタまで乗船したと、正式に報告している。

2　「コルカタの悲劇」――バッジ・バッジ騒乱

†「運命の日」一九一四年九月二九日――バッジ・バッジ

ベンガル湾に入った駒形丸は、九月二六日に、フーグリ河を遡上していたが、コルカタから約九〇キロ地点のカルピ（Kalpi）で、一時停船を命じられて投錨した。翌日二七日に、船内捜索のためパンジャーブ人警官を従えたヨーロッパ人官吏が乗船し、二日間にわたって念入りな臨検が行なわれた。特に大きな問題はなかったため、九月二九日にコルカタに向け出港し、コルカタから一四マイル（約二二キロ弱）離れたバッジ・バッジで、午前一一時頃に停船を命じられた。バッジ・バッジでは、コルカタ警察長官ハリディ（F. Halliday）、警視イーストウッド（J. H. Eastwood）らと三〇名弱の巡査部長・巡査が、駒形丸に乗り込んできた。

インド総督ハーディング（Lord Harding of Penshurst）は、第一次世界大戦の勃発直後の一九一四年九月五日に、「インド入国管理規定」（Ingress into India Ordinance）を急遽制定

図 4-3　インド総督ハーディング

していた。この規則は、インド政庁に、安全と利益と平穏を脅かす脅威から英領インドを守る必要がある場合には、インドへの入国者の自由を制限する権限を与えた。すなわち、不審な者が「外国人でない人物 persons not being foreigner」であっても、インド入国時に、無条件で逮捕・拘禁することを認めた条例であった。九月一六日付の『インド公報』に掲載された第一三七四号布告により、その統制権限は地方政府に委任された。これを受けて、現地のベンガル州政府は、この微妙な時期に駒形丸乗船客がコルカタ市内に自由に入市することで引き起こされる混乱を危惧して、「インド入国管理規定」を駒形丸の船客に初めて適用する事を決定していた。九月二九日に駒形丸に乗り込んだ警察当局は、グルディット・シンとその支持者らを隔離して、特別列車で彼らの出身地のパンジャーブ州に送還する計画を立案した。そして船客たちに、駒形丸から下船して、用意された特別列車に乗り換えるように要請したのである。

しかし、ベンガル州政府の提案に同意して列車に乗ったのは、ムスリム教徒を中心に六二名に留まり、大半のシク教徒船客は、シク教の聖典を掲げて徒歩でコルカタに向かおうとした。現場にいた三〇名弱のパンジャーブ人警察巡査では非力であったため、現地の郡長は、増援部隊として、一五〇名のロンドン王立フュージリア連隊(Royal Fusiliers of the City of London Regiment)の派遣を電話で要請した。同連隊は、急遽コルカタのウィリアム要塞(兵営)から自動車で、バッジ・バッジに急行した。さらに、三〇余名のヨーロッパ人警官隊もあわてて動員された。警備当局側の狼狽ぶりは明らかであった。

シン等は残りの船客を率いて、徒歩でコルカタに向かうことにしたが、バッジ・バッジから四-六マイルのところで、彼らはコルカタから急派されたヨーロッパ人警官隊と軍兵士により前進を阻まれた。フュージリア連隊とともにコルカタから駆けつけた、ベンガル行政参事会員デューク(W. Duke)の説得により、彼らは渋々としかし平和裡に、警官隊の警備の下でバッジ・バッジに戻ることになった。

日没でシク教徒たちが祈禱を始めたときに、突然、発砲と小競合いが始まった。その衝突は、船に戻ることを拒否した乗船客と、軍の支援を受けた警官隊との激しい乱闘、軍(王立フュージリア連隊)による無差別な発砲を引き起こした。結局、圧倒的な武力を有した軍と警察当局によってこの衝突は鎮圧されたが、この衝突と発砲により、イーストウッド警視を含む二名のヨーロッパ人、二名のパンジャーブ人警察官、二〇名のシク教徒船客と、二名の現地住民が死亡した。その他、多くの負傷者（ヨーロッパ人六名、警官五名、二二名のシク教徒と一名のムスリム教徒船客、一名の村民）が出るなかで、二一三名の船客が逮捕された。だが、グルディット・シンを含む二八名は、夜陰に紛れて現場から逃亡したのである。

在カルカッタ（コルカタ）日本総領事・信夫淳平は、バッジ・バッジ騒乱直後の一九一四年一〇月一日に、外相加藤高明宛公信第一五〇号「駒形丸帰還印度人ノ「バッヂ、バッヂ」ニ於ケル騒擾ニ関スル報告ノ件」において、騒乱に至った経緯を詳細に報告している。その公文書では、山本船長の証言を引用する形で、乗船客の側が隠匿して使用したピストルが、帰路に駒形丸が横浜港に寄港した際に持ち込まれ、船内でも臨検を回避するため巧みに隠匿されていた点が強調されていた。

図 4-4　日本総領事・信夫淳平

†インド政庁のバッジ・バッジ騒乱調査委員会

事件直後は、ベンガル州政府を批判する声はなく、当局への敬意と船客への同情が表明された。しかし、騒乱による犠牲者の数が増加するなかで、インド総督ハーディングは、インド人ナショナリスト穏健派を宥める必要があることを認識するようになった。過剰な武力使用であるという政府当局に対する批判と、この事件が大戦勃発直後のインド軍の兵士募集に及ぼす悪影響を恐れて、ベンガル州政府は、一九一四年一〇月一五日に、ヴィンセント卿（Sir W. Vincent）を委員長とする五名のメンバーで構成される調査委員会を設置した。同委員会は、二七回、合計二〇一名の証人喚問を経て、早くも年末の一二月三日に報告書を提出した。それは、翌一九一五年一月一六日に公表された。[7] 調査委員会の設置だけでなく、わずか一カ月半の異例の早さで報告書がまとめられ、年明け早々に公表されたこと自体が、戦時におけるインド政庁当局者の危機感と緊張感を反映していた。

三名のインド高等文官（高級官僚）と政府に忠実な二名のインド人で構成された調査委員会は、最初から政府側の行為を正当化して擁護することが予想できる構成であった。公表された本報告書に対して、当然、後日になってグルディット・シンは全面的な反論を行ない、両者の主張は根本的に食い違っている。

まず、州政府側の「公式」調査報告書の内容を簡潔に紹介したい。公式報告書は、軍による発砲を、事前の乗客に関する情報不足や発砲が夜に突然行なわれた状況を鑑みて、正当化している。特に強調されたのは、かなりの数の駒形丸船客のシク教徒側が、三八口径のアメリカ製リボルバー（最低でも二〇丁）で武装し、その使用を事前に計画していた点である。調査委員会は、それら火器の多くが日本で調達されたと推定している。

報告書は、「駒形丸事件」全体の経緯を、香港でのグルディット・シンによる航海準備段階にまでさかのぼって検証し、簡略に、しかし手際よくまとめている。その論点は多々あるが、次の三点に要約できる。

①駒形丸のバンクーバーへの航海の性格——ビジネスか、それとも政治的目的をもった試みか？

②バッジ・バッジでの衝突——その原因と、誰が最初に発砲したのか？

③乗船客たちが置かれた状況と、グルディット・シンの方策。

一点目に関して調査報告書は、シンの事業が、利潤獲得を目的とした純然たるビジネス、実験的な事業であった、というシンの主張に同意している。しかし、カナダで入国を拒絶されて帰還を余儀なくされる過程で、事業「失敗」の自己弁護を行なう必要から、シンは政治的な目的、すなわち、イギリス植民地支配の批判に論点をすり替えた点を強調している。

第二点目については、船客が二〇丁のピストルを保持しており、シンが逮捕される可能性を危惧したシク教徒の一人が最初に発砲した、と断定している、夜間に起こった騒乱であるため、それを明確に裏付ける証拠・証言は得られなかったとする。

最後の三点目に関しては、シンが船客の間で最後まで指導力を発揮して、船客から尊敬の念とほぼ全員一致の支持を獲得してきたこと、船客たちは、カナダ当局による侮蔑的な取り扱いと帰還を強制された事に不満を抱いて、団結心と互いの共感を強めていた事、五カ月に及ぶ狭い船内での束縛と不自由さが、囚人と同様な自由への希求を生み出して、バッジ・バッジでの騒乱に至ったことを強調する。結論として、調査委員会は、シンとその一三名の一派を強く非難するものの、船客の大半は無害で罪はなく、むしろ、彼らが置かれてきた境遇と苦難に同情の念を示した。

現地語新聞に対する厳しい報道規制の中で、当時としては異例の早さで公表された調査報告は、その比較的穏便な内容によって、少なくとも穏健派の民族主義者(ナショナリスト)の間では、「暴動」「騒乱」(riot)が引き起こした衝撃を和らげるうえで、一定度の効果を有したと言える。

†グルディット・シンの回想

バッジ・バッジ騒乱に関して、当然、当事者で現場から逃亡したグルディット・シンは、この当局側の公式調査報告に対して、逃亡生活の後に出版した回想録 *Voyage of Komagata Maru, or, India's Slavery Abroad*（Calcutta, 1928）で反論を試みている。当事者本人の記憶と、カナダ入管当局やインド裁判所判事との書簡のやりとりや記録に基づいて、自己の行為を正当化するために、三部に分けて執筆された本書の記述を、そのまま文字通り受け入れることは難しい。同様なことは、もともと乗客への発砲を正当化する目的で組織された、当局側の公式調査報告書についても当てはまる。

シンが特に強調しているのは、駒形丸の航海は完全に合法的で、法を遵守したものであり、航海の組織者である自分は一切法律を侵害していないという合法性であり、バンクーバーでの二カ月に及んだカナダ入管当局との闘争は、ガンディーが提唱する非暴力路線に沿うものであった、という点である。駒形丸の船客の武装については、全面的に否定し、コルカタ到着直前に、あらためてピストル等があれば海中に投棄するように確認・指示した、と乗船客の非武装を主張する。

バッジ・バッジ騒乱に関しては、理不尽な警備当局によるコルカタへの入市拒否と、パンジャーブ州への一方的な送還を、論拠のない不当な規制措置であるとして強く非難するとともに、発砲は、軍と警察の方が最初に行なったと断定している。

それ以上にシンが強調しているのは、シンガポール港で送信を依頼した三通の電報の行方である。駒形丸の船客がシンガポールでも上陸を一切許されなかったことは、すでに述べた。そこでシンは、ヨーロッパ人税関吏に、重要な電報を送りたいので短時間の上陸許可を求めたが、その要請も拒否されたため、その官吏に三〇ドルと電文原稿を手渡して、三通の電報の送信を依頼したと証言する。その三通のうち一つは、インド総督宛で、駒形丸のコルカタ到着日を知らせ、船客の不服申し立てを調査する委員会の任命を要請していた。二通目は同じ内容で、雑誌『ベンガル人』(*Bengalee*)編集者宛のもの、三通目は、船の到着日をサルダール・ハルチャンド・シン(Sardar Harchand Singh)に伝え、他の民族運動の指導者達とともに船客と自分をコルカタで出迎えてほしいという内容であった、という。九月二七日にカプリで最初の臨検を受けた際に、電報を送信した相手は誰も来ておらず、シンガポールのヨーロッパ人税関吏が、故意に電報を送信しなかったのか、あるいは、電報がインド政庁により途中で傍受・遮断されたかのいずれかの事情で届けられていなかった事実が判明した。シンは、真相は不明であるけれども、かりに電報が届けられていたならば、バッジ・バッジで起こった一連の騒乱の一部を回避するチャンスがあったであろう、と述べている。[8]

このシンガポールからの電報については、政府側の公式調査報告書では、当然何の言及もない。このエピソードからは、「国際公共財」としての電信網の活用を図ったグルディット・シンと、それを逆に利用して、彼らの動きを抑え込もうとした入管・警備当局との対立・せめぎ合いの一端を知ることができる。

3 シンガポールにおけるインド軍歩兵連隊の「反乱」

†第一次世界大戦とインド軍

なぜインド政庁、インドの警備当局は、駒形丸のコルカタへの入港を阻止しようとしたのだろうか。なぜ、駒形丸の乗船客たちは、香港への寄港・上陸を拒まれ、中継地点でのシンガポールでの上陸も完全に拒否されたうえで、フーグリ河河口のバッジ・バッジで強制的な上陸を余儀なくされたうえで、多くの犠牲者を生んだ騒乱、軍による発砲事件に巻き込まれることになったのだろうか。この根本的な疑問に答えるためには、第一次世界大

図 4-5　バグダード入場のインド軍（1917 年）

戦におけるインド軍の役割と、兵士としてのシク教徒の位置を考える必要がある。

インド軍は、一九世紀初頭から「イギリス帝国拡張の先兵」としてアジア・アフリカ諸地域に派兵されてきた。第一次世界大戦でインド軍は、これまでの海外派兵の場合をはるかに超えて、勝利のために多大の貢献をした。一九一四年の大戦勃発時に、インド軍の兵員数は、戦闘要員一五万五四二三名、非戦闘員四万五六六〇名、計二〇万一〇八三名で構成されていた。[9] 開戦とともに、インド軍を主力とする「インドの軍事力」は即応戦力として動員され、フランス、東アフリカ、ペルシア湾岸地域およびエジプトに派兵された。その数はイギリス人将兵二万三五〇〇名、インド兵七万八〇〇〇名、計一〇万一五〇〇余名であった。その後、戦線の拡大に伴ってインド軍が派兵された地域は急速に広がり、その派兵対象となった地域は、フランス、ベルギー、ガリポリ、サロニカなどヨーロッパ諸地域に加えて、パレスチナ、エジプト、スーダン、メソポタミア、アデン、紅海沿岸、ソマリランド、カメルーン、東アフリカ、ペルシア、クルド地方、カスピ海沿岸などの西アジア・アフリカ諸地域、特に中東諸地域、さらに、中国北部の青島や、アフガニスタンと対峙する英領インドの北西・北東国境地域など、文字通り世界中に拡大した。

一九一八年一二月末までに、新たに戦闘要員として八七万七〇六八名、非戦闘要員として五六万三三六九名、あわせて一四四万四三七名のインド人が、現地インドで戦争遂行のために動員された。第一次大戦を通じて、インド軍関係の兵員数は一一倍強に拡張されたのである。同じ期間に、英領インドから海外には、軍の将兵だけでなく、非戦闘要員や労務者としての随行者を合わせて、イギリス人二八万五〇三七名、インド人一〇九万六〇一三名、合計で一三八万一〇五〇名の人員が、各地の戦場に動員された。[10]特に、戦争の後半段階で、中東諸地域でのオスマン帝国を相手にした軍事作戦では、インド軍が戦闘部隊の主力を務めた。また、ヨーロッパ西部戦線においては、八万九三三五名のインド軍将兵と非戦闘員としての随行者四万九二七三名、合わせて一三万八六〇八名のインド現地人が、白人の優越感や人種主義的な偏見にもかかわらず、白人相手のドイツ軍との戦闘に従事した。[11]

こうしたインド軍の帝国防衛・拡張の戦いへの多大な貢献の中で、シク教徒は、「尚武の民」(martial race)として、ネパール出身のグルカ兵と並んで、インド軍の主力部隊を構成していた。彼らは平時から各種の優遇措置を受け、シンガポールや香港の英領直轄植民地では、治安維持にあたる植民地警察の主力を担うとともに、退役兵を中心に北米の太平洋沿岸地域(カナダのブリティッシュ・コロンビア州、アメリカのオレゴン州やカリフォルニア州)への移民を通じて、イギリス公式帝国を超える緊密な人的ネットワークを形成していた。帝国諸地域での安全保障・治安維持活動は、本国出身で上層部のイギリス人(ヨーロッパ人)将校層を除くと、実戦力としての兵士として、パンジャーブ州出身のシク教徒とネパール出身のグルカ兵が担っていたのである。インド軍の精鋭部隊として、シク教徒の兵士たち、シク連隊のイギリス帝国に対する忠誠を確保することは、総力戦としての世界大戦を遂行していくために、イギリス本国の帝国政府だけでなく、現地のインド政庁を含む政策当局にとって決定的に重要であった。

世界大戦勃発時のこうした状況下で発生したのが、コルカタでの駒形丸船客の上陸拒否とバッジ・バッジ騒乱であったが、それはさらに、翌一九一五年二月に、帝国の総力戦を揺るがした衝撃的事件、シンガポールに駐屯するインド歩兵連隊の「反乱」を誘発することになった。

†ガダル党の反英武装闘争の展開

第一次世界大戦の勃発とともに、インド軍はイギリス帝国の緊急展開部隊として最大限に活用された。だが、開戦時にシンガポールに移動したマラヤ土侯国守備隊（Malay States Guides）は、パンジャーブ系ムスリム兵士が東アフリカ戦線への派兵を拒否したため、砲兵を残して元の駐屯地に戻された。

その背景として、開戦直後から展開された、北米でのインド人移民による反英武装闘争が間接的に影響していた。それは、アメリカ合衆国西海岸のオレゴン州ポートランドに本拠を置き、インド知識人の革命家ハル・ダヤール（Har Dayal）が、戦前の一九一三年五月に組織した政治団体「太平洋岸インド人協会」で、機関紙 *Ghadar* にちなんで「ガダル党」（Ghadar Party）と呼ばれた人々が展開した反英運動であった。ガダル党のメンバーは、北米（カナダ自治領・アメリカ合衆国）での人種差別やインド人移民の入国制限に不満を抱く、パンジャーブ州出身のシク教徒を中心に構成されていた。

大戦勃発直後からガダル党は、海外在住のインド系移民に対して、イギリスが苦境に陥っている今こそ、インドに戻って反英武装闘争に参加するよう強力な働きかけを行なった。その第一弾として、六〇－七〇名のインド人が、一九一四年八月二九日に、汽船コリア丸でサンフランシスコを出港して香港に向かった。香港のシク教寺院は、北米やマニラ・上海などアジア諸地域からガダル党員が集結する拠点となった。香港駐留のインド軍第二六パンジャーブ連隊も、こうしたシク教徒を中心とする革命運動の間接的な影響にさらされることになった。九月には、横浜・香港に寄港してアジア各地のガダル党員を乗せた二隻の日本船の三島丸と土佐丸が、相次いでシンガポールに入港した。両船は途中でペナンにも寄港し、乗客のガダル党員達は、前述のマラヤ土侯国守備隊に反抗を呼び掛ける扇動的な集会を開催した。

図 4-6　ガダル党

　こうしたガダル党による反英武装闘争の展開の最中に起こったのが、「駒形丸事件」であった。結局、駒形丸はバンクーバーの入り江に二カ月停泊した後、再び太平洋を横断して、横浜、神戸、シンガポールを経由した後、一九一四年九月二六日にインドのコルカタに到着した。すでに第一次世界大戦は始まっており、開戦への悪影響を危惧した現地のインド政庁当局は、駒形丸を九月二九日、コルカタ近郊の港バッジ・バッジに移動させ、乗客をその出身地のパンジャーブ州へ強制的に送り返そうと試みた。それに抵抗した乗客の中から、当局の発砲により二〇名の死者が出る悲劇的な結末を迎えたのである。

二隻の日本船、三島丸と土佐丸に乗船していた（ガダル党員を含む）インド人船客は、ペナンでの寄港中にその悲劇的なニュースを聞くことになった。当然、イギリス政策当局のインド政庁を非難・糾弾する声が湧き上がったが、イギリス植民地当局は、開戦初期のインド軍（シク教徒兵士）動員計画や彼らの戦闘意欲・士気への悪影響を懸念して、シンガポールの海峡植民地政府も含めて、徹底した情報統制を試みた。だが、「コルカタの悲劇」は、非公式に張り巡らされたインド人移民のネットワークを通じて、場合によっては誇張された形で、インド現地や東南アジア・東アジア諸地域だけでなく、北米のインド人コミュニティにも伝わることになった。

一九一四年一〇月二九日、ちょうどバッジ・バッジ騒乱の一カ月後に、北米と東アジア各地から帰国する三七五名のシク教徒を乗せた土佐丸が、コルカタ港に到着した。ベンガル州の入管・警備当局は、通常の船舶入港時の対応をはるかに超える厳重な警戒のもとで、土佐丸に乗船したシク教徒に対応した。「駒形丸事件」のときと同じ、コルカタ駐留の王立フュージリア連隊に加えて、ダッカからの二〇〇名の増援部隊と五〇〇－六〇〇名のインド人警官隊を配置して、徹底した入国審査を行なった。その過程で、危険人物と判断した一二名を逮捕するとともに、残りのシク教徒船客を、列車でパンジャーブ州ルディアーナ（Ludhiana）に移送し、そのうち一〇〇名を拘禁して監視下に置いたのである。こうした警備当局によるシク教徒の帰国者に対する過剰反応、厳重な警備体制は、ガダル党の反英武装闘争を通じた扇動行為に対する危機感を反映していた。

イギリス当局、特にインド政庁犯罪情報局（Department of Criminal Intelligence）[12]は、こうした海外から帰国しインド入国を謀るガダル党員の動きを徹底的に追跡していた。急遽制定した「インド入国管理規定」を根拠として、ガダル党員のみならず、海外から一時帰国するインド人船客を、ベンガル湾の船上やコルカタ港で拘束して、収用施設に拘禁した。特に、一九一五年の後半の記録によれば、入国管理規定を適用して拘禁した船客の出港地は、「極東」（Far East）が半数以上を占めるようになり、関係した船名には、土佐丸に加えて、河内丸、讃岐丸、博多丸、日本丸など、日本船が目立つようになった。[13]最終的にインドに入国したガダル党員の数は不明であるが、その数は八〇〇〇名を超えると推定されている。[14]

†インド軍歩兵連隊の「反乱」——一九一五年二月のシンガポール

シンガポールは海峡植民地（Straits Settlements）の中核をなす自由貿易港であり、経済的には「アジア間貿易」の東南アジア地域におけるハブとして、安全保障・軍事面ではイギリス王立海軍の拠点であり、海峡植民地防衛のためインド軍が駐屯していた。ガダル党員が反英闘争のためにインドに帰国する際にも、彼らが乗船した船舶は、燃料の石炭補給や通信連絡のために必ず寄港する国際航路の要衝でもあった。第一次世界大戦勃発時のシンガポールは、表向きは安定しているように見えたが、駐屯イギリス本国軍のヨーロッパ戦線への転戦やインド軍連隊の移駐計画など、軍事面で不安定な要因を抱えていた。そうした開戦期のシンガポールにおいて、「駒形丸事件」からわずか四カ月半後の一九一五年二月に勃発したのが、駐留インド軍歩兵連隊の「反乱」である。[15]

当時のシンガポールの移民集団の人口構成は、華人・中国系住民が約一九万四〇〇〇人余（中国本土出身一五万五一三二人：海峡植民地生まれ三万八八八四人）、インド系住民が二万四〇〇〇人弱（インド生まれ一万九七五〇人：海峡植民地生まれ四二一四人）で、インド系の多数派はタミル人（一万九三一八人）であった。[16]インド兵の反乱は、インド人コミュニティに衝撃を与える事件となった。

反乱を起こしたのは、一九一四年四月四日にインドからシンガポールに到着した第八軽歩兵連隊であった。同連隊は、八歩兵中隊の計八〇〇名で構成され、兵士の大半はパンジャーブ州出身のムスリムであった。開戦後の軍再配置・動員計画により同連隊は、一九一五年二月一六日に、香港に向けての移動（移駐）が予定されていた。シンガポール駐屯のイギリス人部隊のほとんどはヨーロッパ戦線に移動した後で、海軍艦船も砲艦カドマス一隻しか停泊していなかった。インド兵の反乱は、第一次大戦勃発から約半年後で、軍事情勢が未だ流動的でイギリス帝国の防衛体制も再編過程にあるなかで勃発したのである。

中国暦の正月休暇であった二月一五日の午後三時に、シンガポール島中部のアレクサンドラ兵営（Alexandra Barracks）で銃声が鳴り響いた。インド人下士官に率いられた中隊が弾薬と銃を奪取して兵営を占拠するとともに、一部はタングリン地区のドイツ兵捕虜収容所を急襲し、市内中心部の中央警察署に向かった。他の部隊は、マラヤ土侯国守備隊の砲兵部隊に反乱へ参加するよう説得を試みた。反乱軍の一団は、兵営への欧米人接近を阻止するため、港湾施設につながる道路を占拠した。

反乱勃発当初、その原因もわからず当局は不意をつかれた。反乱の原因は、ガダル党の扇動が遠因となったが、直接的には、第八軽歩兵連隊のムスリム兵士達が、連隊の香港への移駐命令に不満を抱き、イギリス帝国の戦争目標と海外派兵計画に疑念を抱いたことに

図 4-7　シンガポール総督アーサー・ヤング

あった。特に、一九一四年一一月にオスマン帝国が三国同盟側で参戦してイギリス帝国と交戦状態に突入したことが、ムスリム兵士達の前線での戦闘をためらわせた。ある兵士は、次のような本音を軍医に吐露していた――「我々の給与が苦力の賃金の半分で、我々の妻子が一月あたり二－三ルピーで飢えに苦しんでいるときに、なぜ我々は、イングランドのために戦い、ヨーロッパで殺されねばならないのか？」[17]と。インド軍兵士の「ヨーロッパの戦争」からの距離感とムスリム盟主のオスマン帝国の参戦、インド植民地統治への不満が、インド軍兵士の戦争協力を躊躇させる要因となったのである。

しかし、反乱部隊の側に明確な行動計画があった訳ではなかった。ドイツ兵捕虜収容所を急襲して解放したドイツ人将校たちが、反乱軍への「指揮」・協力を拒否したことは、反乱軍側にとって大きな誤算であった。当初狼狽した植民地当局とシンガポール駐屯軍も、迅速に市街地防衛体制を敷いた。同時に、兵力不足に直面した当局は、日英同盟を通じて同盟国であった日本に急遽支援を求めた。シンガポール総督アーサー・ヤング（Sir Arthur Young）の支援要請を受けて急遽編成された、現地在住の日本人による義勇民兵隊（special constables）は、各所の警察署や市街地の武装警備の面で重要な役割を果たすことになる。

図4-8　1915年のシンガポール反乱

植民地当局と軍による反撃と鎮圧作戦は、次項で述べるように、国際的な軍事協力を得て迅速に展開された。その結果、インド軍歩兵連隊の反乱は、ほぼ一週間で鎮圧され、反乱部隊を除いた死者の数は、二人のイギリス人中隊指揮官を含めて軍人二一人、民間人二〇人（一名のドイツ軍捕虜を含む）にとどまった。一週間後の二月二二日の夕方までに、六一四名の軽歩兵連隊兵士が投降した。軍法会議により、有罪とされた二名のインド人将校、六名の下士官、三九名の兵士が「公開処刑」（銃殺）され、一九〇名の兵士は流刑や長期・短期の禁固刑に処せられて、インド兵の反乱は終結したのである。

†日本の「反乱」鎮圧への協力と日英同盟

このシンガポールの軍事的危機を、イギリス植民地当局（総督）と軍は、日本を含む帝国主義列強諸国との軍事同盟関係、特に、海軍の協力支援を通じて乗り切った。反乱三日目の一九一五年二月一七日には、フランス海軍巡洋艦モンカルム（一九〇名の兵士）と、マニラ港外でドイツ商船の監視活動にあたっていた日本海軍巡洋艦音羽（三〇〇〇トン）が入港し、陸戦隊が上陸した。一八日には、音羽の七六名の日本軍兵士（陸戦隊）の支援を受けたイギリス軍が、アレクサンドラ兵営を無抵抗のまま奪回した。日本軍の一隊は、反乱軍が占拠した別の兵営に向かい、すすんで投降してきた一一二名の兵士を捕縛した。同日夕刻には、ロシアの巡洋艦オーレルも入港して四〇名の兵士が上陸した。さらに一九日には、香港に向けて航海中であった二隻目の日本の巡洋艦対馬（三三六六トン）が到着して、七五名の兵士が上陸した。翌二〇日には、英領ビルマ（現ミャンマー）のラングーンから援軍として、イギリス艦船エダヴァナが第四シュロップシャー軽歩兵連隊（六中隊構成）とともに到着した。こうして、日英同盟と三国協商加盟諸国の海軍艦船の急派と軍事的支援を得ることで、イギリス当局は短期間で反乱を鎮圧することができた。

なかでも、日本の軍事的協力は突出していた。一九一五年二月一五日の夜、日本領事藤井実はシンガポール総督ヤングから、日本人義勇民兵隊の編成を要請された。翌朝までに一〇四名が集まり、一七日までに一八六名に達した。義勇隊徴募の過程で、在シンガポールの三井物産、日本郵船、台湾銀行関係者が動き、義勇隊にはイギリス当局から弾薬が支

図 4-9　巡洋艦音羽

図 4-10　巡洋艦対馬

給された。義勇隊は、アレクサンドラ兵営の奪回に協力し、市内南部の総合病院(General Hospital)を攻撃してきた反徒を撃退した。インド軍兵士は、日本人に対しては「同胞」(brothers)として、無抵抗ですすんで投降したと言われる。

他方、一九一五年二月一六日深夜に、台湾を本拠とした日本海軍第三艦隊司令部は、シンガポールのイギリス艦隊司令長官ジェラムが一五日付で発信した支援要請を受け取り、二隻の巡洋艦音羽(一七日一八時に到着)と対馬(一九日一一時に到着:艦隊司令官土屋金光少将が乗船)をシンガポールに急派するとともに、香港駐留インド軍連隊の反発に備えて、巡洋艦明石が香港に向かった。二隻の艦船急派の背後には、日英同盟を通じたイギリスとの協力を重視した、大隈重信内閣の外相・加藤高明の決断があった。だが、支援当事者の第三艦隊司令部では、イギリスの「内政」(internal affairs)への干渉を意味するシンガポールのインド軍反乱部隊鎮圧への協力は、日英同盟の規定に反するとして、懸念する声もあった。

日本海軍の軍事的支援は、反乱の早期鎮圧に貢献したとして、シンガポール総督、植民地当局から感謝されることになった。一九一五年二月二五日に陸戦隊の解散式が行なわれたが、総督は「貴国艦隊ハ太平洋ニ於テ「最効果アリタル艦隊ナリ」」と、本国のチャーチル海軍大臣の議会演説を引用して、日本海軍を称賛した。[18]

しかし、この日本の反乱鎮圧への協力に関して、当時から日本国内では、インド民族運動を支援していた国粋主義者からの批判を招き、後には、戦間期インドのナショナリストからも、アジア・ナショナリズムの抑圧を目的とした「帝国間協力」として強く非難されることになる。

4 「駒形丸事件」からアムリトサルの虐殺へ

†アムリトサルの虐殺とよみがえる「駒形丸事件」

桑島昭の研究によれば、シンガポールにおけるインド歩兵連隊の反乱は、穏健派ナショナリストに指導されていたインド国民会議主流派の注目を集めることはなかった。一九一五年一二月末にボンベイで開催された第三〇回会議派大会の公式記録には、インド歩兵の反乱について一切言及がない。ボンベイ大会の決議では、イギリス国王(=イギリス帝国)に対する忠誠の姿勢があらためて表明され、ガダル党の運動も議題にはならなかった。翌一九一六年の大会から、ティラクが率いた急進派が復帰して、国民会議派とムスリム連盟は共同でインドの自治を要求するようになった。しかし、ドイツ軍捕虜との連携を模索したシンガポールでのインド軍反乱兵士たちに、会議派指導部が言及することはなかったのである。会議派指導部は、戦後の自治の容認を期待して、イギリスへの戦争協力の方針を堅持した。パンジャーブ州におけるガダル党の運動は、植民地当局による運動指導者や活動家に対する仮借ない弾圧により、抑え込まれた。こうした非常事態のもとで、植民地政策当局は、第一次世界大戦が終わるまでは、「駒形丸事件」から続いた一連のインド軍関連の「負の連鎖」と悪影響を回避することができた。

状況が大きく変わってくるのが、一九一八年一一月の第一次大戦の停戦、事実上の終結である。停戦後に、戦時協力への見返りとして、本国政府によるインドの自治容認への期待が高まった。他方で、戦後のインフレ（物価高）と、一九一八年モンスーンの不調による飢饉の広がり、さらに、インフルエンザ（＝スペイン風邪）の蔓延や他の感染症の広がりによる死者の増大などを通じて、戦時中の異例の緊急事態は改善・緩和されるどころか、逆に現地での状況は一時的に悪化した。

こうした厳しい社会経済状況の下で、一九一九年二月に、ローラット法案がデリーの帝国立法参事会に提出された。これは、司法の手続を経ない予防的な逮捕・拘禁を認め、インド政庁への反対・批判活動を封じることを目的とした、強権的な法案であった。三月二一日から「反逆罪法」として施行された。同法に対しては、ガンディーがボンベイで始めた非暴力不服従運動（サティーヤーグラハ）を含め、各地で反対運動が展開された。第一次大戦中に、一〇〇万名を超える兵士の動員や、食糧・繊維製品・機械類・輸送用車両などの軍需物資の供給、さらに、一億四六〇〇万ポンドに及ぶ戦費（大半が戦時公債）を負担して、総力戦の遂行に協力しながら、戦後の自治権獲得、統治体制の改革を期待していた現地の民族主義者（ナショナリスト）たちにとって、ローラット法の制定は、インド政庁による「裏切り行為」と受け取られた。

図 4-11　アムリトサルの虐殺

インド内で、四〇万名を超える最大の兵士を供給したパンジャーブ州では、動員された兵員の人的損害（死傷者）のため、他の州に比べると、戦争による疲弊感は明らかであった。輸送手段の統制によって食糧輸出が制約されたうえに、戦時のインド防衛法による在庫の小麦の差し押さえと価格統制は、農民や商人層に不評であった。「駒形丸事件」への対応に見られるように、パンジャーブ州政府は、第一次大戦開戦当初の一九一四‐一五年には、海外から帰国したガダル党員やその影響を受けた「過激派」の人々の反政府活動を徹底して抑え込むことに成功した。しかし、その過程で、権威主義的な統制を強化した州政府に対する不満・反発が、潜在的に蓄積されていった。

そうした情勢の下で、一九一九年四月一三日の夕方、パンジャーブ州アムリトサルのジャリヤーンワーラー・バーグ広場で、非武装の群衆に対する軍隊の無差別発砲事件、いわゆる「アムリトサルの虐殺」が発生した。ダイヤー准将率いるグルカ兵を中心としたインド軍が、祝祭のために広場に集まっていた一‐二万人におよぶ民衆（近隣から集まった農民）に、警告もなくいきなり無差別に発砲して、死者一二〇〇名（公式報告では三七九名）、負傷者三六〇〇名（同一二〇〇名）を出す大惨事を引き起こしたのである。直後に戒厳令が敷かれたため、虐殺事件の情報は短期間抑えられたが、やがて国民会議派を中心に、非難と抗議、政府批判が噴出した。そのためインド政庁は一九一九年一〇月に、虐殺事件を含めたパンジャーブ州での一連の「騒乱」を調査するために、前スコットランド法務次官のハンター卿を中心とする調査特別委員会を設置した。

ハンター委員会は、翌一九二〇年三月に、「反乱の反徒を鎮圧した」として、ダイヤー准将の行為を正当化して免責する報告書を提出した。[19] 報告には政府当局に批判的な少数派報告（Minority Report）も含まれていたものの、親政府関係者を中心とする多数派報告の結論は、最初から予想されたものであった。国民会議派も独自の調査委員会を組織し、政府・軍隊側の責任を追及した。一九一九年一二月のインド国民会議派アムリトサル大会では、議長モティラル・ネルーが、会議派独自の虐殺事件調査員会の途中経過報告を行ない、その際に、アムリトサル虐殺事件に帰結した一連の経緯の一つとして、「駒形丸事件」にも言及した。これをきっかけに、二つの虐殺事件、一九一四年九月の駒形丸船客に対する「バッジ・バッジの虐殺」と、一九一九年九月のアムリトサル事件が結びつき、「駒形丸事件」の記憶が蘇えることになった。

図 4-12　モティラル・ネルー

アムリトサル事件が表面化する前の一九一九年四月一八日に、暴力事件を理由にサティーヤーグラハを一時中断していたガンディーも、一九二〇年六月にサティーヤーグラハの再開を提起した。この時期に新たに開始された非暴力不服従運動（第一次不服従運動）は、ガンディーの指導の下で英領インド全土に広がり、ムスリムとの連帯も実現した。アムリトサル虐殺事件を契機に、インドのナショナリズム（民族主義）運動は、新たな大衆運動を基盤とする段階に入ったのである。

†グルディット・シンのその後——逃亡から服役、国民会議派の活動家へ

バッジ・バッジ騒乱の際に警察当局の捜索をかいくぐって逃亡したグルディット・シンは、その後、どういう運命をたどったのだろうか。最後に、ジョンストンの研究とシン自身の自伝的回想録に依拠しながら、簡単に振り返っておきたい。

彼は、一九一四年九月二九日から、第一次世界大戦終結後の一九二一年一一月一六日に、パンジャーブ州西部のナンカーナ（Nankana）の警察に自ら出頭して逮捕されるまでの、実に七年と一カ月半余りの間、逃亡生活を送った。彼は、騒乱直後の混乱した現場から、夜陰に紛れて三－四名の仲間に担がれて逃れ、近隣住民の協力を得て、かろうじてベンガル州から逃亡した。当初は、ムスリム藩王国であったハイデラバードに潜伏し、後に、インド中央部から西部のグワリオル藩王国、グジャラート州のバローダ市近郊や最大の商都ボンベイ（ムンバイ）で、いくつもの偽名を使い分けながら、警察当局の捜索から逃れてひそかに生活していた。

逃亡中のシンに衝撃を与えたのが、前述の一九一九年四月一三日に発生したアムリトサルの虐殺（ジャリヤーンワーラー・バーグ事件）であった。一九一九年一二月のインド国民会議派アムリトサル大会で、議長モティラル・ネルーが、同虐殺事件に帰結した経緯の一つとして、「駒形丸事件」にも言及した。その際ネルーが、駒形丸の船客達の行動とその結果を否定的に評価したことから、シンは、誤解を解くために真実を語る決意を固めた。

しかし、会議派指導層に接触して、自己主張を展開するまでには、会議派指導層の警戒感もあり、さらに一年以上を要した。その間、ナンカーナでシク教内部の宗派紛争により一三〇名余の改革派シク教徒が殺害される事件が発生し、シンは危機感を強めた。そして、一九二一年三月一三日に、アフメダバードで最終的にガンディーに面会する機会を得て、すみやかに警察に自首するよう強く勧められた。しかし、シンはこの時点ではガンディーの助言を断わり、国民会議派の非暴力運動を支えながら、パンジャーブ州の各地で精力的な演説活動を行なった。その成果もあって、次第に彼の名前は、「駒形丸のグルディット・シン師」(Baba Gurdit Singh of the Komagata Maru) として、敬意をもって受け入れられるようになった。

ついに一九二一年一一月一五日、五万人強が集まったナンカーナで開催されたシク教徒の祭典にシンは姿を現わして、演説を行なった。翌一六日に、多くの支持者や家族ともに警察署長を訪れ、長年の逃亡生活に終止符をうった。ガンディーは、週刊誌『ヤング・インド』(Young India) において、「七年にわたって隠遁して警察から逃れ、そして堂々と自首するのはただ事ではないが、グルディット・シンはその奇跡を成し遂げた」と、コメントした。非暴力不服従運動が最高潮に達した一二月に、アフメダバードで開催された会議派大会でも、逮捕されたときに平穏を保ったシンとシク教徒の態度は、称賛されたのである。

逮捕後のシンは、裁判をうけぬまま短期間拘禁されたが、一九二二年三月一二日に、扇動罪の容疑で裁判が開始された。シンは裁判では、ガンディーの非暴力不服従の原則に反して、徹底した自己弁護と、一連の「駒形丸事件」の真相の公表と宣伝に努めた。審理は長引いたが、七月二六日にアムリトサルにおいて、五年の禁固刑を言い渡された。その後、彼は、パンジャーブ州西部のミアンワリ刑務所で五年間の刑期に服したのである。

この間、シンが収監される前から、非暴力不服従運動は次第に勢いを失い、一九二七年にシンが刑期を終えて出獄したとき、インド社会は比較的静穏な状況であった。シンはコルカタに居を定めるとともに、一九二九年には、ラホールで開催された全インド会議派大会の代議員に選ばれた。以後、彼は、会議派の熱心な活動家として働き続け、一九三〇年代初頭に会議派の非暴力不服従運動が勢いを取り戻したときには、一九三一－三三年の間に、三度にわたって五－六カ月間の逮捕・拘禁を経験した。

シンは幸運にも、南アジア諸国の独立を見届けることができた。だが、インドとパキスタンの分離独立、独立直前の民族宗教紛争による大混乱に対する、彼自身の見解は不明である。一九五一年九月には、インド首相ジャワハルラール・ネルーに書簡を送り、「駒形丸事件」犠牲者の追悼祈念碑の建立を嘆願した。地元のベンガル州政府の支援もあって、一九五二年一月一日にバッジ・バッジにおいて、首相ネルー自身による追悼祈念碑の序幕式が実現した。これを見届けたシンは、一九五四年七月二四日に、九三歳の波乱の生涯を閉じた。

図4-13　バッジ・バッジの駒形丸追悼メモリアル（秋田撮影）

終　章
インド太平洋世界の形成と移民

駒形丸事件百周年記念切手(カナダ)

私たちは、第一次世界大戦勃発直前に発生した「駒形丸事件」を手がかりとして、ヒト（移民）の動きを追ってきた。本章では、あらためてその過程を図式的に整理してみよう。

1 港湾都市のネットワークとトランス・ナショナリズム

†情報ネットワーク――海底電信ケーブルから無線通信へ

まず、駒形丸の航跡をたどると、香港、上海、門司、横浜、バンクーバー、再び横浜に戻り、神戸、シンガポール、コルカタ（バッジ・バッジ）と繫がる、一連の港湾都市（港町）があげられる。そのなかでも、香港とシンガポールは、イギリス公式帝国の自由貿易港であり、「アジア間貿易」を支えるハブであった。神戸港と横浜港も組み込まれた港湾都市のネットワークの形成とその多彩な諸機能の連携が、「駒形丸事件」の前提となった。いわゆる、帝国の「国際公共財」としての国際航路網の整備である。

「駒形丸事件」が起きた要因の一つとして、駒形丸自体が北太平洋横断の航海を意図していたにもかかわらず、遠洋航海に必要とされた当時の最新の機器である船舶無線を装備し

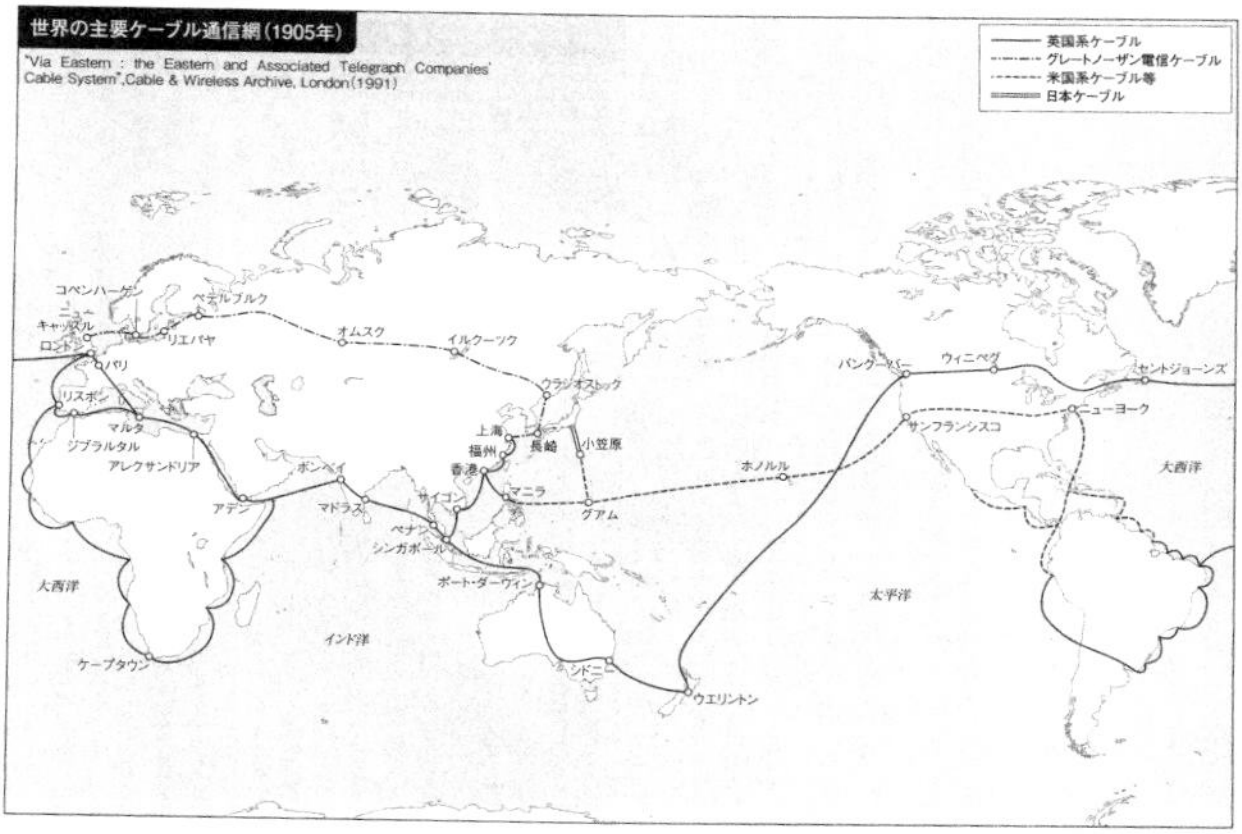

図 終-1　イギリス帝国をつなぐ海底ケーブル網
（出所：大野〔2018〕50-51 頁）

ていなかった問題がある。船舶無線とは、船舶の安全航行の確保のために用いられる業務無線の総称である。船舶無線は、一九〇〇年五月に、マルコーニ国際海洋通信会社が、大西洋航路で世界初の公衆通信（電報サービス）を開始することで運用が始まった。一九〇六年の第一回国際無線電信会議では、世界共通の遭難信号SOSが採択された。日本においても、銚子無線電信局を中心に、一九〇八年には部分的な無線通信が可能になった。一九一二年四月のタイタニック号沈没事件をきっかけに、大西洋航路を中心に、客船への無線電信設備の装備が義務づけられた。だがイギリスの場合、一九一四年商船協定法案[1]は、第一次世界大戦の勃発により法制定にいたらなかった。

戦時中は、国土防衛法により、一六〇〇トンを超える船舶への無線装備が義務化された。

こうした国際的な状況のもとで、一九一四年三月に神栄汽船合資会社とグルディット・シンの傭船契約が締結された際に、経費増を理由に、駒形丸には無線電信設備が装備されていなかった。したがって、バンクーバーに向かう往路の航海は、無線設備なしの状態での航海で、いったん横浜港を出れば、直接の連絡が不可能な太平洋横断であった。バンクーバー港に停泊中の一九一四年六月に、カナダ税関当局は、カナダ電信法の規定により、無線電信機を取り付けない限り出港を認めないとの、海軍大臣の指令を船主神栄汽船の代理人に伝えていた。シンは、出航阻止のために、無線機の取付けを妨害した。その後カナダ政府は、早期に駒形丸を追い返すために方針を変更して、特例として、無線電信機を持たない駒形丸の早期出航を認めたのである。[2] したがって、駒形丸の航海全体を通じて、無線設備が装着され使用された形跡と記録はない。

他方で、海底電信ケーブルを通じて、駒形丸の出入港やバンクーバーでの情報は、各地のイギリス総領事館、インド政庁、ロンドンのイギリス帝国政府、オタワのカナダ連邦政府に伝えられていた。日本の在外公館（領事館）も、東京の外務省からの指令を受けて連携して事件に対応したことは、前章で論じた通りである。また、グルディット・シンの回想録から明らかになったように、彼は、シンガポールからコルカタに向かう直前に、コルカタ現地の民族運動指導者に向けて、支援要請の電報を送ろうとしていた。このように「駒形丸事件」は、国際的な情報伝達手段（インフラストラクチャー）が、海底ケーブルによる電報・電信から、無線通信に代わっていく情報通信技術の発展の過渡期に発生した事件であった。

†ガダル党をめぐる諜報ネットワーク

インド太平洋世界をつなぐネットワークが有効に機能していた事実は、インド革命運動、反英武装闘争を主張した政治団体ガダル党の動きを徹底的に抑え込んだ側のインド政庁、その内務省当局が展開した諜報活動にも反映されていた。

図 終-2 MI5のデイヴィッド・ピートリー

第三章で登場したカナダの移民担当官兼通訳のホプキンソンは、バンクーバーのシク教徒コミュニティだけでなく、アメリカのサンフランシスコにも、シク教徒のガダル党員に関する情報提供者をひそかに確保していた。また、サンフランシスコのイギリス総領事の協力も得て、同港からインドに帰国を図るガダル党員（いわゆる過激派）の一覧表を作成して、インド政庁関係者に送っていた。「駒形丸事件」のバッジ・バッジ騒乱鎮圧の責任者であった、コルカタ警察長官ハリディ（F. Halliday）は、ホプキンソンが作成したリストに基づいて、二カ月後にコルカタ港のドックに到着する客船の乗客を待ち受けて、インド入国管理規定に基づいて、ガダル党員を逮捕・拘禁したのである。

このガダル党への警戒と取り締まりを通じて、第一次世界大戦中に「イギリス帝国治安維持システム」が構築された。[3] その主力を担ったのが、一九〇三年に設置されていたインド政庁内務省の犯罪情報局（Criminal Intelligence Department）とインド各州の犯罪捜査局（Criminal Investigation Department）であった。一九一四年九月二七日からカルピで行なわれた駒形丸の事前臨検には、ベンガル州犯罪捜査局のフランシス・スロコック（Francis S.A. Slocock）が立ち会っていた。犯罪情報局副局長であったデイヴィッド・ピートリー（David Petrie）は、駒形丸へのバッジ・バッジでの対応を統括した後、インド歩兵連隊「反乱」直後のシンガポールや香港など各地を訪れ、東アジアと東南アジア地域においてインドを過激派（テロリスト）から防衛するための情報網の構築を担当した。後の第二次世界大戦期に、彼は、イギリス本国の保安部（MI5）の長官を務めることになる。こうした政治情報警察の帝国規模での組織化も、インド太平洋世界をつなぐネットワーク形成の一つであった。

†カネの国際送金網――香港上海銀行のネットワーク

駒形丸事件には、海外や帝国各地への資金送金のネットワーク、植民地銀行の支店網も密接にかかわっていた。グルディット・シンは神栄汽船合資会社との傭船契約に基づき、毎月一万一〇〇〇香港ドルを前払いする必要があった。そのため彼は、おそらく、香港を本拠として主要港湾都市に支店を置くイギリス系最大の植民地銀行であった香港上海銀行(Hongkong and Shanghai Banking Cooperation: HSBC)の上海支店を使って、上海寄港時に香港宛の送金を行なっていた。彼はバンクーバーでも、上陸・入国を認められることを前提として、到着後に上陸して二カ月分の傭船料を送金することを想定していた。しかし、第三章で論じたように、バンクーバー在住のシク教徒を中心とする駒形丸支援の沿岸委員会のメンバーが、募金(義援金)を募り、シンに代わって傭船料を支払い、金銭面でのトラブルを回避した。

香港上海銀行との接点は、帰途の神戸と最終目的地のコルカタでも出てくる。インド政庁の意向を受けた在神戸イギリ

図 終-3　香港上海銀行上海支店

ス総領事館は、シンの要求を受け入れて、駒形丸の神戸出航直前（おそらく九月三日）に、石炭燃料の残金支払いや諸経費として、一万九〇〇〇円相当の送金を、インド政庁内務局から香港上海銀行の神戸支店経由で受け取り、その一部、おそらく約九〇〇〇円（石炭代は、総領事館が代理店の佐藤商会に支払ったと考えられる）を、日本円紙幣でシンに手渡していた。これが事実であるとすると、コルカタに向かった駒形丸には、多額の日本円紙幣が持ち込まれていたはずである。

その現金（カネ）はどうなったのだろうか。バッジ・バッジ騒乱では、密輸された拳銃の有無が問題になったが、シンが所有していた現金の行方は明らかでない。ただ、バッジ・バッジ騒乱調査委員会の公式記録には、以下のような興味深い記述がある。

まず、前述のインド犯罪情報局のデイヴィッド・ピートリーは、駒形丸を臨検した際に、シンが管理する金庫に三〇〇ポンド相当の金塊、二〇〇〇ルピー弱のインド紙幣と多額の日本円紙幣があった、と証言している。さらに、騒乱鎮圧後の一九一四年一〇月初旬に、コルカタのウィリアム要塞に駐屯する王立砲兵連隊の下士官が、香港上海銀行のコルカタ支店で三回に分けて、二九枚の百円紙幣（二九〇ポンド相当）の換金を行なっていた。その内の五枚の百円紙幣に要塞内の両替商が関与したことが判明した。その両替商は、要塞に駐屯しバッジ・バッジに急派された、王立フュージリア連隊所属の四名の兵士からその紙幣を受け取った、と証言している。調査委員会は、おそらく、バッジ・バッジ騒乱鎮圧に出動したフュージリア連隊の何人かの兵士が、乗船客のシク教徒から日本円紙幣を略奪したものであろう、と推測している。[4]

事の真相は不明であるが、この点にも、「インド太平洋世界」を跨《また》いで流れたカネ（資金）の流れと、それを媒介した、主要な港湾都市に設立された植民地銀行（香港上海銀行）のネットワークとの関わりを見出すことが可能である。

以上の諸事例が示すように、世紀転換期から第一次世界大戦期に、インド人移民の商業活動と移民を通じて、イギリス帝国の自由貿易港のシンガポール・香港を結節点として、東部・南部アフリカ大陸を含む、環インド洋世界（the Indian Ocean World）、東南アジアと東アジアの海域世界、さらに太平洋を跨いで北米大陸の太平洋岸につながる広大な地域が徐々に結びつくようになった。杉原薫が提唱する「アジア間貿易」の形成と発展、特に、インド人商人（印僑）が主導した第一次産品（棉花）や製造品（繊維製品）の輸出入を通じたモノの動きは、インド洋沿岸諸地域と東南アジア海域世界、日本を含む東アジア諸地域を結びつけた。さらに、ヒトの移動（インド人移民）は、イギリス公式帝国の枠組を媒介として、北米やカリブ海諸地域（西インド諸島）にまで及び、インド人移民を連接環として、インド洋と太平洋の二つの海洋世界をつなぐ「インド太平洋世界」（the Indo-Pacific

World）形成の萌芽が見られた。前述の、海底ケーブル網を通じた、治安維持・安全保障にかかわる情報の交換だけでなく、民間人の資金の送金を含めたカネの流れ、イギリス帝国が提供する「国際公共財」が、新たな広域の地域である「インド太平洋世界」の出現と形成を促した。その過程で、新興の通商国家日本は、経済的には「アジア間貿易」を支える基軸国として、政治外交的には日英同盟を通じた軍事・安全保障面での対英協力（英領インドを含む対イギリス帝国）政策により、「インド太平洋世界」における諸帝国の共存体制を支えていた。一九一五年のシンガポールでのインド歩兵連隊「反乱」鎮圧への日本海軍の積極的協力は、その象徴的事件であった。

2 「帝国臣民」の論理・再考

†「帝国臣民」の論理の利用と植民地ナショナリズム

本書第二章と第三章で詳細に論じたように、駒形丸の航海の前半における最大の論争点は、「帝国臣民」の諸権利の保証と植民地ナショナリズムとの関係性であった。グルディット・シンは、駒形丸を香港でチャーターし、利潤追求の民間事業（ビジネス）として移民輸送業に乗り出した。国境を超えたヒトの移動を管理するパスポートも存在せず、国籍を問われることもなく、公式帝国の諸地域の間を、無制限に自由に往来できる「女王陛下の臣民」（帝国臣民）として、駒形丸に乗船したシク教徒は、自治領カナダ連邦の太平洋岸の港湾都市バンクーバーをめざした。「帝国臣民」とは、ヘゲモニー国家であり、世界最大の公式帝国（植民地）を保有したイギリス帝国特有の、統合と排斥、支配と自立性の両面を兼ね備えた、両義的な自己主張であった。

イギリス本国政府は、広大な公式帝国支配の普遍性と正当性を主張する論拠として、「帝国臣民」の論理を帝国統治の原理として掲げた。地理的移動や定住の自由を保証し、寛容かつ柔軟に運用されたこの原理は、世界帝国を自認したイギリス帝国の政策当局（official mind）にとって、誇りにできる独自性を有していた。それは、他の欧米列強諸国や新興の日本帝国にはない、異民族支配・統治を安定的に維持していくために不可欠の統治原理であった。

だが、南アフリカ（ナタール自治植民地）でのガンディーの行動に見られたように、被支配民族（支配される側）も、自己の権益確保、利益追求のために、「帝国臣民」の論理を積極的に活用・転用することが可能であった。帝国支配の論理を逆手に取って、抵抗や自立の主張を展開できたのである。一九一四年までの二十数年間にわたるガンディーの南アフリカでの活動は、帝国への信頼と幻滅の狭間で、現地のインド人社会(インド人商人層と苦力・自由労働者)の権利を擁護するため、戦略的に展開されたのである。

その同じ論理を、グルディット・シンと駒形丸に乗船したシク教徒たちは利用した。太平洋に引かれた肌の色による人種差別、「人種差別境界線(カラーライン)」によって白人社会と隔てられたインド人移民は、白人による帝国支配・人種主義に屈するのではなく、その矛盾を衝くことで、「したたかに」抵抗・挑戦したのである。第一次世界大戦中やその直後に勃発した二つの「虐殺」事件(コルカタの虐殺=バッジ・バッジ騒乱と、アムリトサルの虐殺)に対しては、ガンディーが唱えた非暴力不服従運動(サティーヤーグラハ)で対抗した。戦時協力から平和的手段による抵抗に転じる過程で、グローバルな帝国統治の論理(帝国臣民の論理)が、ナショナル/ローカルな場での抵抗・自己主張の論理に転換したのである。彼らは、帝国支配に対する抵抗者とも、協力者階層(コラボレーター)とも単純には区分できない、主体性を持った人々であった。

他方、白人自治領も自立性を強め、これまで帝国全体を統べていたイギリス本国が、各自治領の独自の動きをどこまで縛ることができるのか、イギリスと自治領の権限の境界は曖昧になっていた。駒形丸の船客の入国をめぐる裁判で、ブリティッシュ・コロンビア州控訴裁判所が、カナダが自国に入国する移民を独自に決められる、という解釈を示したことは、自治領側の独自性を明示した画期的な判断であった。この控訴裁判所の裁定は、駒形丸の乗客の運命を左右しただけではなく、イギリスと自治領の関係の変容を促す重要なきっかけとなった。戦間期の一九二六年の帝国会議でのバルフォア報告書と、それを法制化した一九三一年のウェストミンスター憲章によって、イギリスが帝国構成地域を垂直的に支配するイギリス帝国体制から、イギリスと自治領が対等なブリティッシュ・コモンウェルス体制（ただし、植民地や属領に対しては、旧来のイギリス帝国体制が維持された）へと、イギリス帝国のありようは大きく変化した。「駒形丸事件」は、自治領の植民地ナショナリズムのあり方を変える契機にもなったのである。

図 終-4　バッジ・バッジのシク教寺院（秋田撮影）

帝国の「すきま」で——トランス・ナショナルなヒトの動き

神栄汽船合資会社が所有した駒形丸の存在そのものが、「帝国の時代」であった一九世紀的な世界秩序の変容を予知していた。駒形丸は、日本の租借地であった関東州の大連で、数隻の船舶を所有した神栄汽船合資会社が船籍を登録した便宜置籍船であり、船の運航自体は、事実上の本拠地である神戸の代理店・佐藤商会が行なっていた。日本帝国の中でも、関東都督府が管轄した関東州の国制上の位置は曖昧であった。台湾や朝鮮のような植民地(公式帝国)とは異なり、比較的自立性が高く、大連では自由港(free port)としての特権を享受できた。大連に登録された船舶「大連在籍船」は、日章旗を掲げたが、外国船と同様の扱いで非課税であった。そのため、日本本土の諸規制を逃れて利潤獲得を狙う新参の中小業者にとっては、大連は、恰好の抜け穴的な経済活動の舞台(帝国のすきま)となった。バンクーバー領事の堀義貴が、現地での「駒形丸事件」処理が一段落した後に率直に述べているように、神栄汽船によるシンとの駒形丸の傭船契約は、リスクが高い投機的な契約であり、慣例からはずれた普通では考えられない高額の契約要件であった。関東州では、そうした冒険的な企業家による事業活動が、いわゆる「非公式帝国」(informal empire)的な枠組みの中でかなり自由に行なわれていた。

「帝国の時代」にあって、その「帝国のすきま」を最大限に利用して、活躍の舞台や働く場所(雇用の場)を求めて移動したのが、本書で扱ったインド人移民、シク教徒、インド軍の兵士たちであった。駒形丸に関わった日本の中小海運業者たちや商人も、イギリス公式帝国の自由貿易港であった香港、シンガポールの利点を最大限に利用し、その恩恵を享受することができた。諸帝国（列強）がせめぎ合う状況下で、その帝国の境界・国境を超えるトランス・ナショナルな民間人の活動・移動が活発に行なわれたのが「帝国の時代」であった。

その後の歴史的展開を見ると、「帝国の時代」の独自性はさらに明らかになる。駒形丸の船客のカナダ入国（バンクーバーでの上陸）が拒絶された事実に象徴されるように、第一次世界大戦期以降は、イギリス帝国内でも白人自治領（ドミニオン）の自立化がさらに進んだ。その過程で、入国管理、非白人への移民規制が一層強化されていった。こうしたイギリス帝国の「脱植民地化」（decolonization）への潮流は、第二次世界大戦を経て、アジア・アフリカ諸地域で多数の国民国家を生み出した（政治的独立）。新たに独立した諸国家は、自国の国境管理を強化し、国民意識を涵養するさまざまな政策を通じて、「国民国家」の建設と構築に力を注いだ。その結果、国境を超えて移動する人々や移民の数は減少した。国民国家の地球的規模での広がりが、結果的にヒトの移動を制約することになったのである。この歴史的潮流が反転するのは、一九七〇年代の二度の石油危機（オイル・ショック）を経て、モノ・ヒト・カネ・情報の「グローバル化」が本格化する一九八〇年代以降である。冷戦の終焉は、その動きを加速した。

二〇二〇年八月の現時点で、コロナ禍により、再び、世界的規模でのヒトの移動が劇的に制約されて、世界中が「鎖国」状態に陥っている現状と比較すると、「帝国臣民」の権利を論拠として、人々が自由に移動・定住できた「帝国の時代」の特異性・独自性を、私たちはより明確に認識できる。

†比較帝国植民地史への視座

本書では、「帝国臣民」の概念を中心として、第一次世界大戦期の「駒形丸事件」を事例に、ヒトの移動と「帝国の時代」の国際秩序の独自性や特質を、当時最大の帝国であったイギリス帝国を中心に論じてきた。公式帝国内部でのヒトの移動・居住の自由を掲げたイギリス帝国には、どれほどの独自性があったのだろうか。

たとえば、後発の新興帝国として、公式・非公式の両帝国を「インド太平洋世界」で構築した日本帝国の場合、山室信一の研究に示されるように、植民地と日本本土は異なる法体系を有する「異法域結合」の帝国であった。[5]

また、一八世紀からたえずイギリスと植民地・公式帝国の獲得をめぐって競争・競合してきたフランス植民地帝国の場合は、植民地住民を本国国民と同等に処遇する「同化主義政策」(assimilation) を採ったとされる。しかし、実際には、本国民と対等な処遇・権利を受けた人々はごく一部に限られており、植民地側は、同化主義（後に共同主義 association と改称）の矛盾を暴くことで、フランス本国の植民地支配の理念と実態の乖離を批判した。

こうした諸帝国の相違と類似性に着目することによって、イギリスの「帝国臣民」の論理を相対化することも可能になる。支配された側の人々にとって、それを主体的に活用して利用することも可能であったのではないか。こうした考え方は、「帝国の時代」の帝国植民地史の比較にとどまらず、第二次世界大戦後の「脱植民地化」の過程や、現代の「グローバル・サウス」(the Global South) とよばれる南側のアジア・アフリカの発展途上諸地域の主体性・独自性を明らかにするためにも有効であろう。

おわりに

二〇一六年五月一八日、カナダ連邦議会下院で、ジャスティン・トルドー首相は、「駒形丸事件」に対して謝罪表明を行なった。

連邦下院にて謝罪表明を行なうトルドー首相。2016年5月18日（出所：*Maclean's* HP）

「一世紀以上前、非常に不当な行為が行なわれました。一九一四年五月二三日、バンクーバーのバラード入江に一隻の汽船が来航しました。乗っていたのは、シク、ムスリム、ヒンドゥーに出自を持つ三七六人の乗客でした。乗客たちは、その後カナダにやってきた何百万もの移民と同じように、家族のためにより良い暮らしを求めてやってきたのです。大いなる機会を求めて。新天地に貢献できるチャンスを求めて。………到着から二カ月後の七月二三日、駒形丸は、カナダの軍隊によって港の外に出されました。そして、インドに強制的に戻されたのです。インドでは、一九人の乗客が殺され、多くが投獄されました。

………駒形丸とその乗客に起きた悲劇的な過ちのすべてに対してカナダだけが責任を負っているわけではありません。しかし、カナダ政府が、乗客たちが問題なく安心して入国するのを認めなかった法律に対する責任を負うのは、疑いようもありません。このことに対して、そして、その後に起きた痛ましい結果に対して、申し訳なく思います。何よりもまず私は、この事件の犠牲者に謝罪をいたします。

………さらに私は、本日ここにお越しの方々を含め、駒形丸の乗客の子孫の皆様にも謝罪をいたします。もし、ご親族がカナダに迎え入れられていたならば、皆様の人生はどうなっていたのか知るよしもありません。皆様の人生がどれほど違っていたのか。カナダが、どれほど豊かになっていたのか。こうした可能性が、歴史のなかで失われたのです。このことに対して――そして、皆様に対して――謝罪をいたします。」

駒形丸の乗客とその子孫への謝罪に続けて、トルドーは、過ちを繰り返さぬことを誓い、多文化・多民族共存がカナダ社会の根底にあると訴えた。

「私たちは、過去の過ちに対して謝罪するとともに、積極的な行動を起こさねばなりません――過去の過ちから学び、必ずや、それを繰り返さないと。……私たちは、すべての人々が――誰であろうとも、どこから来ようとも――成功を収める真に公正な機会を受けるに値すると信じているのです。カナダの南アジア系社会は、そうした成功の日々のお手本です。私たちは、私たちの多様性が力の源であると信じています。違いがあるにもかかわらずではなく、違いがあるために、私たちは強いのだと。」

最後にトルドーは、国防大臣ハルジット・サージャンに言及した。

「駒形丸事件を国民に注目させるべく尽力してくれたもう一人の同僚――国防大臣――に感謝します。政界に入る前は、彼は、ブリティッシュ・コロンビア・コノート公連隊――駒形丸を退去させたのと同じ連隊です――の指揮官でした。一世紀前であれば、彼の親族はカナダから追い払われたでありましょう。しかし、今日、彼は本院で、私たちと席を同じくしているのです。」

サージャンは、一九七〇年にムンバイ（旧ボンベイ）で生まれ、五歳のとき、二年前に渡加して製材所で働いていた父親の呼び寄せ移民として、ブリティッシュ・コロンビア州にやってきた。二〇一五年一〇月の総選挙で、連隊中佐の職を辞して、バンクーバー・サウス選挙区から出馬し、当選。約一〇年ぶりに保守党に代わって政権を握ったトルドー自由党政府の国防大臣に就任した。シク教徒がこのポストに就くのは、カナダ史上初めてであった。

シク教徒の閣僚が「駒形丸事件」の謝罪に向けて尽力する――百年前のカナダでは、想像もつかないことであった。「ホワイト・カナダ」から「多民族・多文化共存のカナダ」へと変容するなかで、「駒形丸事件」は、カナダの恥ずべき過去として記憶されるようになったのである。シク教徒やインド人移民にとっての忌まわしい記憶が、国民が広く共有すべき記憶へと変わったのである。ローカルな記憶からナショナルな記憶へと昇華されたとでも言えようか。

「駒形丸事件」がカナダの恥ずべき過去とみなされるには、年月を要した。事件後も長らく、インド人移民への排斥は続いた。一九七一年、カナダは多文化主義を国是としたが、当時の議論の対象には、アジア系などの非白人移民（「ヴィジブル・マイノリティ」と呼ばれる）や先住民は入っていなかった。

だが、それ以降、状況は様変わりする。一九八二年、イギリス議会が保持していた憲法改正権がカナダに「返還」されたのにともない、憲法が制定され（一九八二年憲法）、同憲法の「権利と自由の憲章」の中に多文化主義の理念が盛りこまれた。さらに一九八八年には、カナダ多文化主義法が制定され、民族集団の文化の保護に加えて、人種差別の根絶や格差是正が謳《うた》われた。

こうしたなか、カナダ連邦警察が、シク教徒のターバン着用を認める方針を打ち出すと、論争が巻き起こった。反対派は、国家建設と治安維持に果たしてきたカナダのシンボル的存在である連邦警察のイメージを汚すことになると主張した。結局、カナダ最高裁判所がターバン着用を認めたことで、一九九〇年、シク教徒の連邦警察官が誕生した。この人物はマレーシア出身であったが、インド人をはじめとするシク教徒の存在がカナダ多文化主義の中で認知された象徴的な出来事となった。

「駒形丸事件」の記憶のありようも変化した。シク教徒、あるいはインド人移民にしか知られていなかったこの事件は、他のカナダ人にも次第に知られるようになった。事件から七五年の一九八九年、バンクーバーのポータル・パークに小さな銘板が設置された。これは、シク教徒やインド人移民ではない人々が目にする場所に初めて建てられたという意味で、カナダ「初」の記念碑であった。一九九〇年代に入ると、謝罪を求める運動が、シク教徒の組織を中心に進められた。これは、第二次世界大戦期の日本人移民に対する強制移動・収容や中国人移民に対する人頭税をめぐる謝罪・補償《リドレス》運動の影響を受けていた（日本人移民に対しては一九八八年にカナダ政府が謝罪・補償に応じ、中国人移民に対しては、二〇〇六年に謝罪・部分的補償を行なった）。

二〇〇八年五月二三日、ブリティッシュ・コロンビア州議会は、「駒形丸事件」への謝罪決議を採択した。同年八月には、カナダ首相スティーブン・ハーパーが同州サレー（メトロ・バンクーバーを構成する都市域で、シク教徒が多く居住）を訪れ、集会に集まった八〇〇〇人のシク教徒に謝罪したが、公式謝罪ではなかったため、不評を買った。その後、「駒形丸事件」への公式謝罪要求運動や、事件を風化させないための記念事業活動が活発化した。バンクーバーでは非営利組織「駒形丸ヘリテージ財団」が、五月二三日と七月二三日（駒形丸来航と退去の日）にメモリアル・ウォークを企画したほか、新民主党の党首ジャック・レイトンが、公式謝罪を求める署名活動を行なった。アリ・カジミのドキュメンタリー映画『連続航路《コンティニュアス・ジャーニー》』（二〇〇四年）が上映され、メディアを通して「駒形丸事件」が知られるようになった。二〇一二年七月二三日には、本書の「はじめに」で述べた「駒形丸メモリアル」がコール・ハーバーに建立され、百周年にあたる二〇一四年には、記念切手が発行された。そして、二〇一六年五月一八日、先述したように、トルドー首相が公式に謝罪表明を行なった。なお、一八日になったのは、G7伊勢志摩サミットに出席するため、二三日に訪日しなければならなかったからである。

インドでも、ローカルな記憶からナショナルな記憶への変容がみとめられる。当初、「駒形丸事件」は、パンジャーブ地方のシク教徒にしかほとんど知られていなかった。一九五二年一月一日、バッジ・バッジに記念碑が建てられたが、そのきっかけは、前年九月、九一歳になっていたグルディィット・シンが、記念碑建立の請願書を首相ジャワハルラー

駒形丸メモリアル――乗客の名前が刻まれている（細川撮影）

バッジ・バッジ騒乱犠牲者の銘板（秋田撮影）

ル・ネルーに送ったことにあった。それ以前にもシンは、マハートマ・ガンディーにもたびたび請願していた（ガンディーは、一九四八年一月、暗殺された）。記念碑には、駒形丸の乗客がインドの自由のために闘ったことが記されており、ネルーが除幕を行なった。だが、その後も、主たる行事は、毎年九月に乗客の家族と子孫がバッジ・バッジのシク教寺院で営む追悼式しかなく、「駒形丸事件」は、ローカルな記憶にとどまっていた。

しかし、今日、「駒形丸事件」は、「インドの自由のための闘い」として、広くたたえられるようになった。二〇一四年、インド政府の文化・人的資源省は、シンの曾孫三人をニューデリーに招き、追悼集会を主宰した。同年にはまた、記念コインが二種類発行された。前年には、インド政府がガダル党設立の記念事業を主宰したが、これは海外在住のインド人移民による「インドの自由のための闘い」として評価されていた。「駒形丸事件」は、ガダル党とは直接結びつかないにせよ、同じ文脈でとらえられることで、ナショナルな記憶となっていった。

このように、「駒形丸事件」は、ローカルからナショナルへと記憶のありようが変化すると同時に、多民族・多文化共存をめざすカナダの恥ずべき過去として、あるいは、インドが自由を獲得し、帝国支配から脱却していく過程で起きた重要な事件としてとらえられるようになったのである。今日、世界各地で差別や植民地支配に対して「謝罪」や「和解」を求める動きが活発になっているが、「駒形丸事件」の扱いもこれと軌を一にしている。さまざまな角度から「駒形丸事件」に光を当てる意義とは、「インド太平洋世界」の歴史的動態を浮かび上がらせることにとどまらない。過去に対する反省を促すとともに、現代社会のさまざまな課題に批判的で建設的に、そして真摯に向き合う指針をも示してくれるのである。

「駒形丸事件」は、カナダやインドの人々だけの記憶にとどめてはならない。それは、ポスト帝国の時代に生きる私たちが受け継ぐべき遺産であり、グローバルな記憶として共有されるべきなのである。

あとがき

本書は、イギリス帝国史研究で三〇年来つきあいのある二人の研究者の共同作業で実現した共著である。秋田は英領インド史を、細川はカナダ史を主たる研究対象としてきたが、約一〇年前に刊行した共著（木畑洋一・秋田茂編著『近代イギリスの歴史――一六世紀から現代まで』ミネルヴァ書房、二〇一一年三月刊）でのコラム「『駒形丸事件』とイギリス帝国臣民」（秋田）を執筆する過程で、二人が共通の研究関心を持っていることが判明した。

本書を読み終えられた読者のみなさんはお気づきのように、「駒形丸事件」を理解するには、一国史（ナショナル・ヒストリー）の枠組みを最初から超えて、英領インド史、カナダ史、日本史という各国史の枠組みを、神戸・横浜・バンクーバー・コルカタなどの都市史、海域アジア・インド洋世界などの広域の地域史、さらには、イギリス帝国のグローバルな枠組みと結びつける複合的な視点が必要である。他方で、第一次史料を重視する、プロの歴史家であるわれわれにとっては、文字通り、世界各地の文書館・史料館・図書館所蔵の史資料を駆使したmulti-archival researchが不可欠であった。この魅力的な主題を単独で研究するのは難しいと感じていた二人は、自然と意気投合して、共同執筆を考えるようになった。

しかし、秋田の研究が大幅に遅れたため、共著の出版まで一〇年の月日を要することになった。この間、辛抱強くつきあっていただいた、細川氏に改めてお礼申し上げたい。

なお、はじめに（秋田・細川）、第一章（秋田）、第二章1・2（細川）、3（秋田）、第三章（細川）、第四章（秋田）、終章（秋田）、おわりに（細川）、と執筆を分担したが、相互に読み合わせを行ない、全体の調整をはかった。

本書の主題である「駒形丸事件」の重要性に秋田が気づいたのは、これまた三五年近く前にさかのぼる。一九八五年に秋田が、旧大阪外国語大学（現：大阪大学外国語学部）に職を得た際、同大学で近現代南アジア史・南アジア地域研究を専門とされている桑島昭先生（現：大阪大学名誉教授）にお会いし、本書第四章で言及した、インド歩兵連隊のシンガポールでの反乱を初めて耳にした。全くの無知を恥じるとともに、大きな衝撃を受けた。それ以来、桑島先生からは、インド地域研究や南アジア国際関係史について、多くのご教示をいただいている。桑島先生は、インド軍の反乱事件について、すでに二冊の英語著書や多くの関連論文を執筆されている。インド側の第一次史料の閲覧・収集については、桑島先生の畏友で、インド軍のシンガポール反乱に関する史料集を刊行した、元インド歴史研究評議会（Indian Council for Historical Research）事務局長で、アーキヴィストのT・R・サリーン（Sareen）氏から全面的なご協力を得た。インド現地の史料に精通したサリーン氏からは、温かい励ましとともに、インドのアーカィヴに関する詳細な情報をいただいた。第四章の基本的構想は、桑島先生とサリーン氏との議論やお二人の著作に、その多くを依拠している。あらためて、心温まる御協力と御支援に感謝申し上げます。

また、歴史研究では、関連する各種の史資料を徹底的に探し出して閲覧・参照するとともに、事件の現場・現地を訪れて当時の状況を間接的に確認し、関係者へのインタヴューを通じて「生の声」を聞くオーラルヒストリーの手法も有効である。筆者は、二〇一六年の年末に、コルカタ郊外のバッジ・バッジにある「駒形丸事件」追悼祈念碑を訪問することができた。運よく祈念碑を管理する青年と出会い、彼の紹介で、今も駒形丸関連資料を保管している地元のシク寺院を訪問することができた。地区の長老の方々から、「駒形丸事件」への思いを直接お聞きすることができたことは、忘れがたい思い出である。

二〇〇三年に秋田が大阪大学文学研究科に移籍して、同僚の桃木至朗氏らとともに「アジアから考えるグローバルヒストリー」を構想し、研究教育の諸プロジェクトを実践する過程で、「駒形丸事件」は、われわれの阪大史学が強調する四層構造（ローカル⇔ナショナル⇔リージョナル⇔グローバル）の相互連関・関係性を基盤とし、新たな世界史・グローバルヒストリー研究を第一次史料に基づいて構築してうえで、一つの有力な事例となった。歴史系の大学院リレー講義「歴史学方法論講義――歴史学のフロンティア」で、何度か解説を試みた。毎回批判的なコメントを寄せてくれた院生諸君との対話は、本書の内容の充実を図る上で非常に有益であった。また、秋田が文学研究科に転任した初期の院生・松本壮樹君が、修士論文「二〇世紀初頭カナダにおけるインド系移民――駒形丸事件を中心に」（二〇〇六年三月）に取り組んでくれたおかげで、同事件に対する秋田の理解は大いに深まった。

本書は、われわれが行なってきたグローバルヒストリー研究を基盤として、大学の学部生や高校生のみなさんにも、わかりやすくて刺激的な、近現代の世界史を考える新たな検討の素材を提供することも意図している。二〇二二年度から高等学校の地歴科目（地理歴史科）の授業編成は一新され、「世界史」に代わる新たな必修科目として、世界史と日本史を統合した「歴史総合」科目がスタートする。「歴史総合」の目標としては、「問い」を立てて歴史を考察する課題学習や、歴史学習と現代世界が直面する諸課題とのつながりの解明など、従来の歴史教育では軽視されてきた学習目標も掲げられている。本書は、どのような形で世界史と日本史の研究成果の接合・融合が可能になるのか、具体的な事例をわかりやすい形で提示することを試みた。「大学で考える歴史総合」とはいかなるものなのか、グローバルヒストリー研究の成果を踏まえて検討した成果の一つとして、読者のみなさんから、忌憚のないご批判やコメントをいただければ幸いです。

最後に、本書執筆の過程でわれわれ二人は、筑摩書房・ちくま新書編集部の永田士郎氏から貴重なコメントを数多くいただいた。二人で共著の新書を書きたい、というわれわれの要望を快諾していただいただけでなく、最初の読者として、全体の構成や用語の使い方などについて、多くの有益な助言・提言をいただいた。本書が、日本の読者にはほとんど知られていない「駒形丸事件」の歴史的意義を、読みやすい形で世に問うことができたのは、永田氏の御尽力のおかげである。氏の御協力に対して、改めてお礼申し上げます。

二〇二〇年十月吉日

著者を代表して　秋田　茂

注釈

はじめに

1 Gurdit Singh「グルディット・シン」あるいは「シン」と表記。Gurdit Singh 以外にも、Singh という名前の人物が出てくるが、その場合、フルネームで表記。本書は、インドと東西パキスタン（現在のバングラデシュとパキスタン）とが分離する一九四七年以前の時期を主な対象としており、「インド」とは、基本的に「英領インド」を指している。「インド人」は、「英領インドを含む南アジアに出自を持つ人々」の意味で用いている。

第一章

1 杉原（一九九六）。

2 一八世紀の後半、中国産の茶（紅茶）の人気が高まり消費が急増した。そのため、広州からの中国茶の輸入は激増し、イギリスの対中貿易は赤字に転落した。その赤字を相殺しイギリスからの銀の流出を阻止するために、東インド会社は、ベンガル地方でのアヘン独占権を活用して、インド産アヘンの対中国向け密輸を始めた。こうして形成された中国＝英領インド＝イギリスを結ぶ貿易関係を、「アジアの三角貿易」と呼ぶ。

3 こうした需要面での波及効果を、経済学用語で「最終需要連関効果」と呼ぶ。

4 杉原（一九九九）。

5 もともと、一七－一八世紀にヨーロッパから北アメリカのイギリス領植民地へ渡った「年季契約移民」を指し、到着後一定期間の不自由労働を義務づけられた。ニューイングランド以外の北米植民地への渡航者の半数以上を占める重要な労働力源であった。その後、白人の年季契約移民は黒人奴隷に置き換えられていった。

6 一九世紀初頭の奴隷貿易撤廃、奴隷制廃止の過程で、熱帯地域のプランテーションの労働力が不可欠であったため、黒人奴隷の代替労働力として、貧しいインド人や中国人が導入された。事前に三－五年の労働契約を、代理人（agent）を通じて結び、渡航費は雇用者側が負担し、現地では、安価な賃金で、移動の自由のない半強制労働に従事した。年季終了後は、基本的に自由身分が保証され、希望すれば雇用者負担で帰国も許された。

7 イギリスが南部アフリカのオランダ系白人・ボーア人の共和国、オレンジ自由国とトランスヴァール共和国を武力で併合した、典型的な帝国主義戦争（一九九九年一〇月－一九〇二年五月）。戦争の原因として、喜望峰経由のエンパイア・ルートの確保をめぐる戦略的要因と、金鉱山の支配をめぐる経済的要因があった。当初の予想に反して、二年半におよぶ戦争となり、イギリスは、カナダを含む白人自治領からの援軍を得て、かろうじて勝利した。

8 『日本外交文書』、第四一巻第一冊、一五文書（村島〔二〇〇〇〕）。

9 脇村（一九九九）も参照。

10 クーリー（苦力）とは、一九世紀から二〇世紀初頭の、中国人・インド人を中心とするアジア系の移民、あるいは出稼ぎ労働者である。イギリス帝国の植民地やアメリカ合衆国で、黒人奴隷に代わる安価な労働力として、低賃金・長時間労働を強いられた。

11 *British Parliamentary Papers*（以下 BPP と略記）, Cd. 5192, 1910.

BPP, Cd.5192, p. 3.

12 BPP, Cd.5192, p. 5.

13 BPP, Cd. 5192, pp. 22-25.

14 デェヴァネッセン（一九八七）・秋田（一九九八）・Guha (2013)。

15 ガーンディー（二〇〇五）、八五－一〇七頁・デェヴァネッセン（一九八七）、三六三－三九〇頁。

16 Memorial to Mr. Chamberlain, March 15, 1897, 'To The Right Honourable Joseph Chamberlain, Her Majesty's Principal Secretary of State for the Colonies, London, The Memorial of the Undersigned Indians, Residing in the Colony of Natal', in: *Collected Works of Mahatma Gandhi, II (1896-1897)*, New Delhi: Government of India, pp. 230-231.

17 'The Cinderella to the Empire', Indian Opinion, 30 July 1903, in: *Collected Works III*, pp. 382-384.

18 'Substance of Interview with Lord Crewe', 16 September 1909, in: *Collected Works IX*, pp. 408-411.

第二章

1 カナダでは、「帝国臣民（Imperial subject）」よりも「イギリス臣民（British subject）」の方が多く使われたが、本書では、原文からの引用以外は、「帝国臣民」と表記。

2 一九〇八年一月の枢密院令で「連続航路規定」が設けられると、カナダ政府は、すべての船会社に対して、コルカタ＝バンクーバー間の直行便の即刻廃止を要請した。カナダ太平洋鉄道会社は、これを無視し、直行便を継続させたが、同年五月の枢密院令改訂後、カナダ政府の要請を受け入れ、直行便を廃止した。駒形丸来航の時点では、唯一、ブルー・ファネル・ラインが直行便を運航していたが、インド人は乗せないよう当局から指示されていた。

3 「地方裁判所」よりも上位にある裁判所で、「上位裁判所」とも訳される。同州には、この上に「控訴裁判所」がある。

4 古田（二〇〇〇）を参照。

第三章

1 一九一四年九月末、ベンガル警察などインド行政にたずさわった経験のあるハーバート・カニンガム・クログストンを委員長とする「一人委員会」が設置され、一一月初旬、費用弁済は行なわないとの結論を下した。

2 人種や国籍ではなく、学歴、公用語運用能力、カナダでの雇用機会、年齢などを点数化して審査する移民受け入れ制度。

第四章

1 外交史料館に所蔵されている戦前期の日本の外交文書は、その大半が「国立公文書館アジア歴史資料センター」（通称：アジ歴 https://www.jacar.go.jp/about/index.html）のデジタルアーカイブで公開されており、だれでも自由に閲覧可能である。しかし、個人情報を多く含む資料群はネット上で公開しないという方針により、駒形丸関係の資料ファイルはアジ歴には掲載されていない。

2 Proceeding No. 138, APPENDIX M, November 1914, Simla Records 4.（Confidential）1914, Government of India, Home Department. Political-A., "Komagata-Maru" Incident: National Archives of India, New Delhi.

3 Proceeding No. 228: No. 7436-S. B., 24th December 1914, Simla Records 2.（Confidential）1915, Government of India, Home Department. Political-B., "Source of supply of weapons to the passengers of

the Komagata Maru", Extract copy from the statement of Sadda Singh: National Archives of India, New Delhi.

4 Singh (1928), Part Two, pp. 26–28.

5 Proceeding No. 113, Letter from the British Consul-General, Kobe to the Secretary to the Government of India, Home Department, 2 September 1914: National Archives of India, New Delhi.

6 Proceeding No. 157, 16th September 1914, from Ralph G. E. Forster, Esq., Consul-General, Kobe, to the Secretary to the Government of India, Home Department: National Archives of India, New Delhi.

7 No. 4465–A. From Hon'ble Sir William Vincent, KT., I. C. S., Chairman, and the Members of this "KOMAGATA MARU" Committee of Enquiry, To The Secretary to the Government of India, Home Department, Dated the 3rd December 1914, in Bhattacharyya(ed.) (2017), pp. 475–564.

8 Singh (1928), Part Two, pp. 30–33.

9 Pradhan, S. D. (1978), p. 51.

10 Government of India (1923), pp. 79–80.

11 Greenhut (1983)；木畑（一九八七）、五〇－五六頁。

12 鬼丸（二〇一四）、第五章。

13 'Action taken under the Ingress into India Ordinance with regard to the Indian Emigrants,' Government of India, INDEX to PROCEEDINGS of the Home Department [Political] for the Year 1915, pp. 216–218: National Archives of India, New Delhi.

14 Kuwajima (2006), p. 39.

15 Kuwajima (1991)；Sareen (1995).

16 Kuwajima (2006), Appendix 4.

17 Sareen (1995), p. 544.

18 印度兵ノ暴動ニ関シ報告ノ件：一九一五年三月三〇日、『日本外交文書（大正四年）』（平間〔二〇〇一〕、一二〇二頁）。

19 Report of the Committee Appointed by the Government of India to Investigate the Disturbances in the Punjab, etc, *British Parliamentary Papers* [1920], Cmd. 681.

終章

1 The Merchant Shipping Convention Act, 1914.

2 公電第一〇三号：バンクーバー領事堀義貴から外相加藤高明宛、「駒形丸搭乗東印度人問題ニ関スル件」一九一四年六月九日。

3 鬼丸（二〇一四）、第五章。

4 Report of the KOMAGATA MARU Committee of Inquiry, Vol. I, section 49, 1914, in Bhattacharyya (ed.) (2017), pp. 524-526.

5 山室（二〇一三）。

参考文献

史料

政府刊行物等

British Parliamentary Papers (BPP)

British Columbia Reports

Documents on Canadian External Relations

Hansard (Canada)

Sessional Papers (Canada)

Statutes of Canada

"Komagata-Maru" Incident (National Archives of India)

『加奈陀ニ於テ東印度人入国禁止一件――駒形丸事件』（外交史料館）3.9.1.13

新聞

Times (UK)

Vancouver Daily News-Advertiser

Vancouver Province

Vancouver Sun

『大陸日報』（バンクーバー）
『神戸新聞』
『神戸又新日報』
『大阪朝日新聞』
『門司新報』

著作

The Collected Works of Mahatma Gandhi, Government of India: New Delhi.
Baba Gurdit Singh (1928), *Voyage of Komagata Maru, or, India's Slavery Abroad*, Calcutta.
ガーンディ、M・K（二〇〇五）『南アフリカでのサッティヤーグラハの歴史1――非暴力不服従運動の誕生』田中敏雄訳注（東洋文庫七三六）平凡社。
吉田禎男（一九三六）『駒形丸事件』八ツ橋出版部（復刊：大阪教科書印刷、一九六〇年）。

史料集

Bhattacharyya, Anada (ed.) (2017), *Remembering Komagata Maru: Official Reports and Contemporary Accounts*, (first published, 1914), rep. 2017, Manohar: New Delhi.
Government of India (1923), *India's Contribution to the Great War*, London.
Ollivier, Maurice (ed.) (1954), *The Colonial and Imperial Conferences from 1883 to 1937: Vol. II: Imperial Conferences Part I*, Queen's Printer: Ottawa.
Sareen, T. R. (ed.) (1995), *Secret Documents on Singapore Mutiny 1915*, Vol. I, Mounto Publishing House:

New Delhi.
Tatla, Darshan S.（ed.）（2007）, *Report of the Komagata Maru Committee of Inquiry and Some Further Documents*, Unistar Books: Ludhiana.
Waraich, Malwinderjit Singh and Sindhu, Gurdev Singh（ed.）（2005）, *Komagata Maru: A Challenge to Colonialism: Key Documents*, Unistar Books: Chandigarth.
『日本外交文書』

デジタル・アーカイブ

Komagata Maru: Continuing the Journey 〈http://komagatamarujourney.ca〉（Simon Fraser University Library, Canada）

著書

Atkinson, David C.（2016）, *The Burden of White Supremacy: Containing Asian Migration in the British Empire and the United States*, University of North Carolina Press, Chapel Hill.
Chattopadhyay, Suchetana（2018）, *Voices of Komagata Maru: Imperial Surveillance and Workers from Punjab in Bengal*, Tulika Books: New Delhi.
Dhamoon, Rita Kaur = Bhandar, Davina = Mawani, Renisa = Bains, Satwinder Kaur（eds.）（2019）, *Unmooring the Komagata Maru: Charting Colonial Trajectories,* University of British Columbia Press: Vancouver.
Ghosh, Ganesh（ed.）（1998）, *An Episode of India's Struggle for Freedom　KOMAGATA MARU 1914,*

Gurdwara Saheed Ganj Komagata Maru Budge-Budge: West Bengal.

Guha, Ramachandra (2014), *Gandhi: Before India*, Penguin Books: London.

Johnston, Hugh J. M. (2014), *The Voyage of the Komagata Maru: The Sikh Challenge to Canada's Colour Bar,* (1st ed. 1979, 2nd ed. 1989), expanded and fully revised ed., University of British Columbia Press: Vancouver.

——— (2012), *Jewels of the Qila: The Remarkable Story of an Indo-Canadian Family*, University of British Columbia Press: Vancouver.

Josh, Sohan Singh (1975), *Tragedy of Komagata Maru*, People's Publishing House: New Delhi.

Kazimi, Ali (2012), *Undesirables: White Canada and the Komagata Maru: An Illustrated History*, Douglas & McIntyre: Vancouver.

Kelly, Ninette and Trebilcock, Michael (2010), *The Making of the Mosaic: A History of Canadian Immigration Policy,* 2nd ed., University of Toronto Press: Toronto.

Kuwajima, Sho (1991), *Indian Mutiny in Singapore (1915)*, Ratna Prakashan: Calcutta.

Kuwajima, Sho (2006), *The Mutiny in Singapore: War, Anti-War and the War for India's Independence*, Rainbow Publishers: New Delhi.

Lake, Marilyn and Reynolds, Henry (2008), *Drawing the Global Colour Line: White Men's Countries and the International Challenge of Racial Equality*, Cambridge University Press: Cambridge.

Lessard, Hester = Johnson, Rebecca = Webber, Jeremy (eds.) (2011), *Storied Communities: Narratives of Contact and Arrival in Constituting Political Community*, University of British Columbia Press: Vancouver.

Mawani, Renisa (2018), *Across Oceans of Law: The Komagata Maru and Jurisdiction in the Time of*

Empire, Duke University Press: Durham & London.

McDonald, Robert A. J. (1996), *Making Vancouver: Class, Status, and Social Boundaries, 1863-1913*, University of British Columbia Press: Vancouver.

Pradhan, S. D. (eds.) (1978), *India and the World War I*, New Delhi.

Roy, Anjali Gera (2018), *Imperialism and Sikh Migration: The Komagata Maru Incident*, Routledge: London & New York.

Roy, Anjali Gera and Ajaya K. Sahoo (eds.) (2017), *Diasporas and Transnationalisms: The Journey of the Komagata Maru*, Routledge, Abinton: Oxon & New York.

Roy, Patricia (1989), *A White Man's Province: British Columbia Politicians and Chinese and Japanese Immigrants 1858-1914*, University of British Columbia Press: Vancouver.

Sharma, Kavita A. (1997), *The Ongoing Journey: Indian Migration to Canada*, Creative Books, New Delhi.

Singh, Bhagat (2001), *Canadian Sikhs Through a Century, 1897-1997*, Gyan Sagar Publications, Delhi.

Sohi, Seema (2014), *Echoes of Mutiny: Race, Surveillance and Indian Anticolonialism in North America*, Oxford University Press: Oxford and New York.

Varma, Sushma J. and Seshan, Radhika (eds.) (2003), *Fractured Identity: The Indian Diaspora in Canada*, Rawat Publications: Jaipur & New Delhi.

Ward, Peter (2002), *White Canada Forever: Popular Attitudes and Public Policy Toward Orientals in British Columbia*, 3rd ed., McGill-Queen's University Press, Montreal & Kingston.

秋田茂編（二〇〇四）『パクス・ブリタニカとイギリス帝国』ミネルヴァ書房。

秋田茂（二〇一二）『イギリス帝国の歴史――アジアから考える』中公新書。

秋田茂・桃木至朗編（二〇二〇）『グローバルヒストリーから考える新しい大学歴史教育――日本史と世界史のあいだで』大阪大学出版会。

飯野正子（一九九七）『日系カナダ人の歴史』東京大学出版会。

大野哲弥（二〇一八）『通信の世紀――情報技術と国家戦略の一五〇年史』新潮選書。

鬼丸武士（二〇一四）『上海「ヌーラン事件」の闇――戦間期アジアにおける地下活動のネットワークとイギリス政治情報警察』書籍工房早山。

貴堂嘉之（二〇一二）『アメリカ合衆国と中国人移民――歴史のなかの「移民国家」アメリカ』名古屋大学出版会。

木畑洋一（一九八七）『支配の代償』東京大学出版会。

木村和男編（一九九九）『新版世界各国史23　カナダ史』山川出版社。

杉原薫（一九九六）『アジア間貿易の形成と構造』ミネルヴァ書房。

デェヴァネッセン、チャンドラン・D・S（一九八七）『若き日のガーンディー　マハートマーの生誕』（寺尾誠訳）未來社。

ノールズ、ヴァレリー（二〇一四）『カナダ移民史――多民族社会の形成』（細川道久訳）明石書店。

フランシス、ダグラス・木村和男編（一九九三）『カナダの地域と民族――歴史的アプローチ』同文舘出版。

古田和子（二〇〇〇）『上海ネットワークと近代東アジア』東京大学出版会。

細川道久（二〇一二）『「白人」支配のカナダ史――移民・先住民・優生学』彩流社。

――――（二〇一四）『カナダの自立と北大西洋世界――英米関係と民族問題』明石書店。

――――編（二〇一七）『カナダの歴史を知るための五〇章』明石書店。

山本正・細川道久編（二〇一四）『コモンウェルスとは何か――ポスト帝国時代のソフトパワー』ミネルヴァ書房。

論文

Almy, Ruth L. (2018), "'More Hateful because of its Hypocrisy': Indians, Britain and Canadian Law in the Komagata Maru Incident of 1914", *Journal of Imperial and Commonwealth History*, vol. 46, no. 2.

Frost, Mark R. (2018), "Imperial Citizenship or Else: Liberal Ideals and the India Unmaking of Empire, 1890-1919", *Journal of Imperial and Commonwealth History*, vol. 46, no. 5.

Greenhut, J (1983), "The Imperial Reserve: The Indian Corps on the Western Front, 1914-15", *Journal of Imperial and Commonwealth History*, vol. 12.

Kuwajima, Sho (2003), "The Komagata Maru, Singapore and Japan: The First World War and Asia"『アジア太平洋論叢』第13号.

Lee, Erika (2007), "Hemispheric orientalism and the 1907 Pacific coast race riots", *Amerasia Journal*, vol. 33, no. 2.

Nicol, Janet Mary (2016), "'Not to be bought, not for sale': The trials of Joseph Edward Bird", *Labour/Le Travail*, vol. 78.

Tatla, Darshan S. (2016), "Incorporating regional events into the nationalist narrative: the life of Gurdit Singh and the *Komagata Maru* episode in postcolonial India", *South Asian Diaspora*, vol. 8, no. 2.

秋田茂（一九九八）「植民地エリートの帝国意識とその克服――ナオロジとガンディーの場合」木畑洋一編『大英帝国と帝国意識――支配の深層を探る』（第八章）ミネルヴァ書房。

栢木清吾（二〇一三）「波打ち際の『英国臣民』――大英帝国内の移民管理に関する歴史社会学的考察」『国際文化学』（神戸大学大学院国際文化学研究科）第二六号。

杉原薫（一九九九）「近代世界システムと人間の移動」樺山紘一ほか編『岩波講座世界歴史19　移動と移民――地域を結ぶダイナミズム』岩波書店。

平間洋一（二〇〇一）「日英同盟と第一次世界大戦」平間洋一・カウ、イアンほか編『日英交流史 1600-2000〈3〉軍事』東京大学出版会。

細川道久編（二〇一二）「駒形丸事件史料――『大陸日報』の報道記事（Ⅰ）〜（Ⅳ）」『人文学科論集』（鹿児島大学法文学部）第七五―七八号、二〇一二年二月―二〇一三年六月。

村島滋（二〇〇〇）「二〇世紀史の開幕と日英同盟――一八九五―一九二三年の日英関係」木畑洋一・ニッシュ、イアンほか編『日英交流史 1600-2000〈1〉政治・外交Ⅰ』東京大学出版会。

山室信一（二〇一三）「「国民帝国」論の射程」山本有造編『帝国の研究――原理・類型・関係』名古屋大学出版会、第三章。

脇村孝平（一九九九）「インド人年季契約制は奴隷制の再来であったのか」『岩波講座世界歴史19　移動と移民――地域を結ぶダイナミズム』岩波書店。

学位論文

栢木清吾（二〇一三）「帝国を揺さぶる船――『駒形丸事件』にみる移民管理の歴史社会学的考察」（神戸大学）、二〇一三年九月。

事典

Dictionary of Canadian Biography 〈http://www.biographi.ca〉

ちくま新書
1543

駒形丸事《こまがたまるじ》件《けん》
——インド太平洋世《たいへいようせ》界《かい》とイギリス帝国《ていこく》

二〇二一年一月一〇日　第一刷発行

著者　秋田茂（あきた・しげる）／細川道久（ほそかわ・みちひさ）
発行者　喜入冬子
発行所　株式会社　筑摩書房
東京都台東区蔵前二-五-三　郵便番号一一一-八七五五
電話番号〇三-五六八七-二六〇一（代表）
装幀者　間村俊一
印刷・製本　株式会社　精興社

ISBN978-4-480-07359-4 C0220

ちくま新書

948 日本近代史 坂野潤治

この国が革命に成功し、わずか数十年でめざましい近代化を実現しながら、やがて崩壊へと突き進まざるをえなかったのはなぜか。激動の八〇年を通観し、捉えなおす。

1082 第一次世界大戦 木村靖二

第一次世界大戦こそは、国際体制の変化、女性の社会進出、福祉国家化などをもたらした現代史の画期である。戦史的経過と社会的変遷の両面からたどる入門書。

1147 ヨーロッパ覇権史 玉木俊明

オランダ、ポルトガル、イギリスなど近代ヨーロッパ諸国の台頭は、世界を一変させた。本書は、軍事革命、大西洋貿易、アジア進出など、その拡大の歴史を追う。

1342 世界史序説 ――アジア史から一望する 岡本隆司

ユーラシア全域と海洋世界を視野にいれ、古代から現代までを一望。西洋中心的な歴史観を覆し、「世界史の構造」を大胆かつ明快に語る。あらたな通史、ここに誕生！

1287-1 人類5000年史Ⅰ ――紀元前の世界 出口治明

人類五〇〇〇年の歩みを通読する、新シリーズの第一巻、ついに刊行！　文字の誕生から知の爆発の時代まで紀元前三〇〇〇年の歴史をダイナミックに見通す。

1287-2 人類5000年史Ⅱ ――紀元元年～1000年 出口治明

人類史を一気に見通すシリーズの第二巻。漢とローマ二大帝国の衰退、世界三大宗教の誕生、陸と海のシルクロード時代の幕開け等、激動の1000年が展開される。

1287-3 人類5000年史Ⅲ ――1001年～1500年 出口治明

十字軍の遠征、宋とモンゴル帝国の繁栄など人や物の交流が盛んになるが、気候不順、ペスト流行にも見舞われる。ルネサンスも勃興し、人類は激動の時代を迎える。